LA BARONNE ET LE BANDIT.

PAR RABAN.

Tome Premier.

Paris.
DEPÉLAFOL, LIBRAIRE-ÉDITEUR,
Rue Git-le-Cœur, n. 4.

1833.

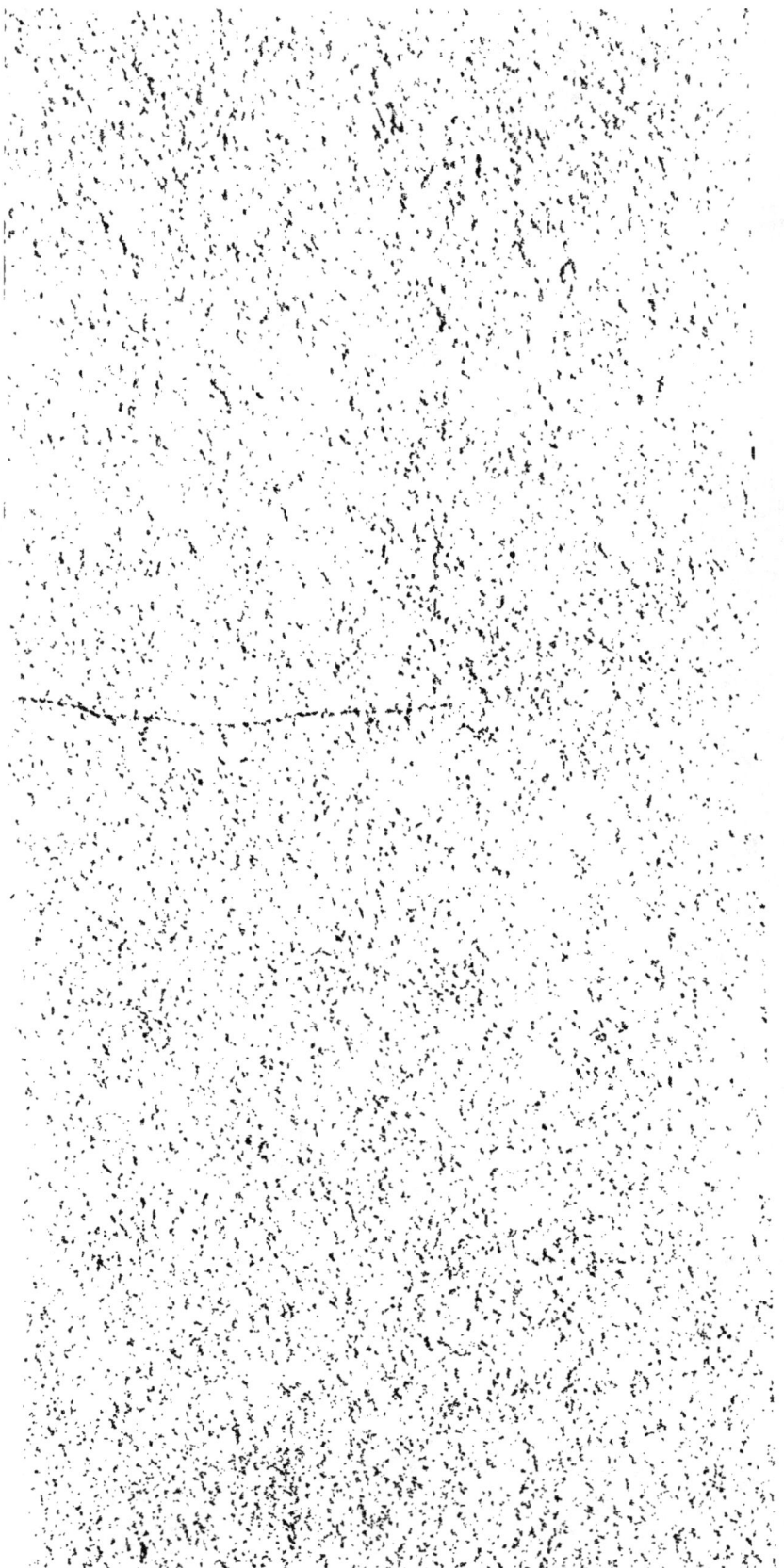

LA
BARONNE
ET
LE BANDIT.

IMPRIMERIE DE P. BAUDOUIN,
Rue et hôtel Mignon, n. 2.

LA

BARONNE

ET

LE BANDIT.

PAR RABAN.

Tome Premier.

PARIS.

DEPÉLAFOL, LIBRAIRE-ÉDITEUR,

Rue Gît-le-Cœur, n. 4.

1833.

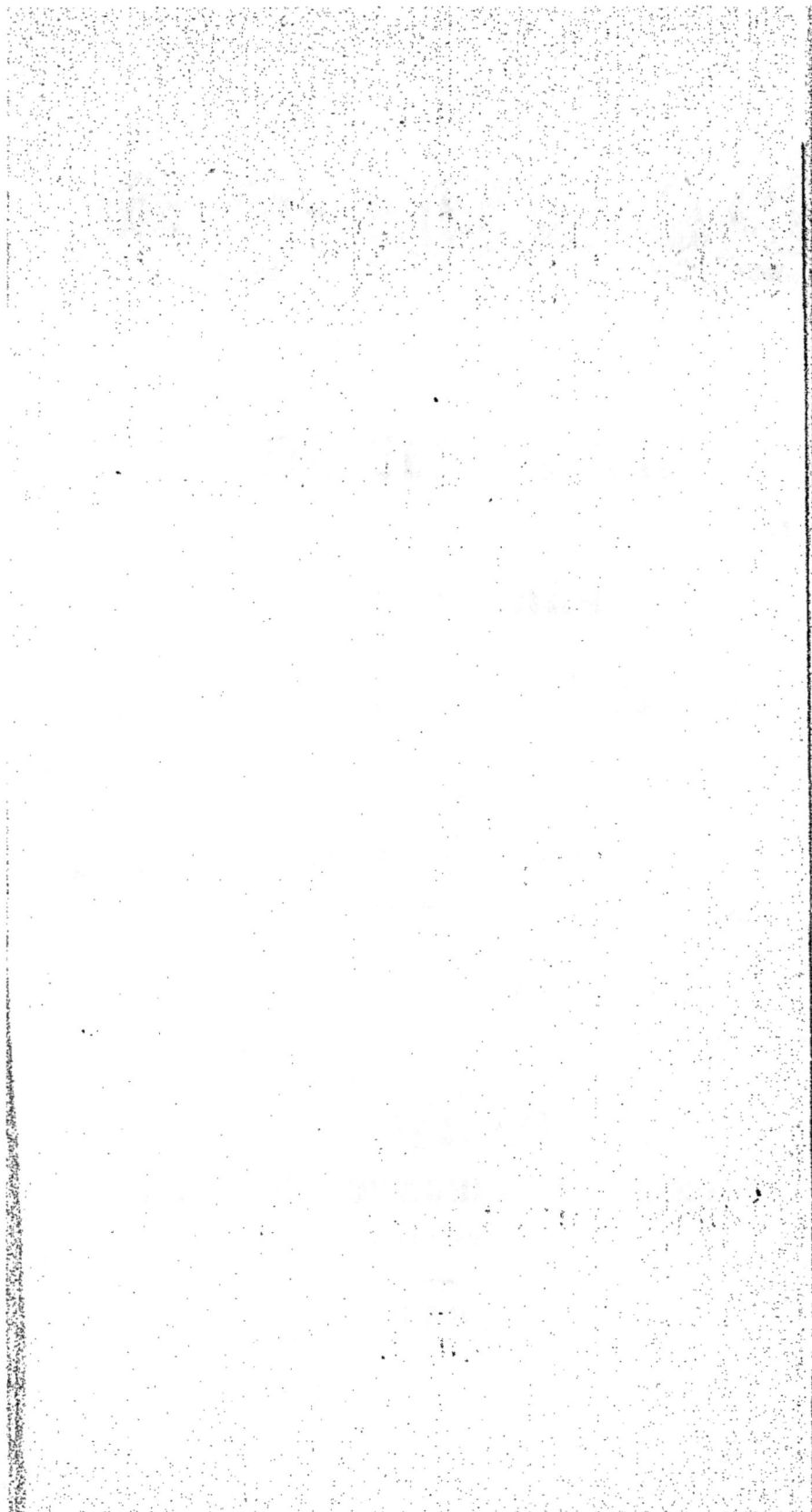

PRÉFACE.

L'ÉGOÏSME coule à pleins bords; la sottise nous inonde, et cependant le monde pullule d'optimistes proclamant que nous marchons à la perfection. C'est que probablement nous nous dirigeons vers le nord pour arriver plus sûrement au midi; tout chemin mène à Rome, et quand on est pressé d'arriver, il est tout naturel de prendre le plus long. Or, nous sommes très-pressés, et la preuve c'est que depuis quarante ans nous avons, chaque jour, doublé et triplé l'étape. Encore un peu de patience; quelques douzaines de siècles seulement, et nous verrons des prodiges : quand nous aurons atteint les dernières limites de l'absurde, nous ne serons pas loin du domaine de la raison.

— Nous marchons, le siècle est en progrès....

— Parbleu! je le crois bien qu'il y est en progrès! Bonnes gens qui en doutez, regardez autour de vous..... Diable! prenez-vous cela pour rien? nous avons trouvé les chemins de fer, le Paragay-Roux, l'aristocratie financière et les fosses inodores. En vérité, je vous le dis, nous marchons à la perfection; nous y arriverons, Dieu sait quand; et il ne m'appartient pas de dévoiler les secrets de la providence.

En attendant, bonnes gens qui, les yeux fermés, vous laissez doucement entraîner sans vous mettre en peine du but qu'il s'agit d'atteindre, je veux, pour charmer autant que possible l'ennui du voyage, vous raconter quel-

quelques unes des admirables choses que j'ai eu l'occasion d'observer en chemin; je veux vous conter cela sur beau papier, en caractères neufs, et en aussi bons termes que possible; puis je vous adresserai le tout, et vous le ferai parvenir par la voie d'un éditeur consciencieux, ce qui est infiniment rare en temps de perfectibilité.

Un éditeur consciencieux, ô mes amis! c'est presque la pierre philosophale. Eh bien! j'ai trouvé cela! niez donc la perfectibilité indéfinie!...

Oui, nous serons parfaits quelque jour, vous dis-je. Alors, il est vrai, il n'y aura plus d'écrivains assez abandonnés de Dieu pour passer leur vie à écrire des romans, par la raison toute simple qu'il n'y aura plus de gens assez désœuvrés pour les lire; alors, toutes les femmes seront chastes, tous les marchands probes.... nous aurons des vertus depuis la plante des pieds jusqu'à la pointe des cheveux; nous nagerons dans un océan de vertus... Vous me direz que cela ne sera pas très-amusant;

à la bonne heure; mais cela sera parfait!... L'ennui nous écrasera, nous aurons le spleen; mais nous serons parfaits!... Oh! de grâce, ne froncez pas le sourcil, ne vous épouvantez pas; car, je le répète, quelques siècles s'écouleront encore avant que l'esprit humain arrive à de si beaux résultats; et d'ici là, Dieu aidant, et mon loyal éditeur me secondant, vous aurez encore quelques jours de folle joie, quelques éclairs de franche gaîté auxquels je ne serai pas tout-à-fait étranger. Vivez donc en paix, et que la perfection ne vous empêche pas de dormir; car c'est un mal dont les romanciers et leurs amis ne doivent pas mourir.

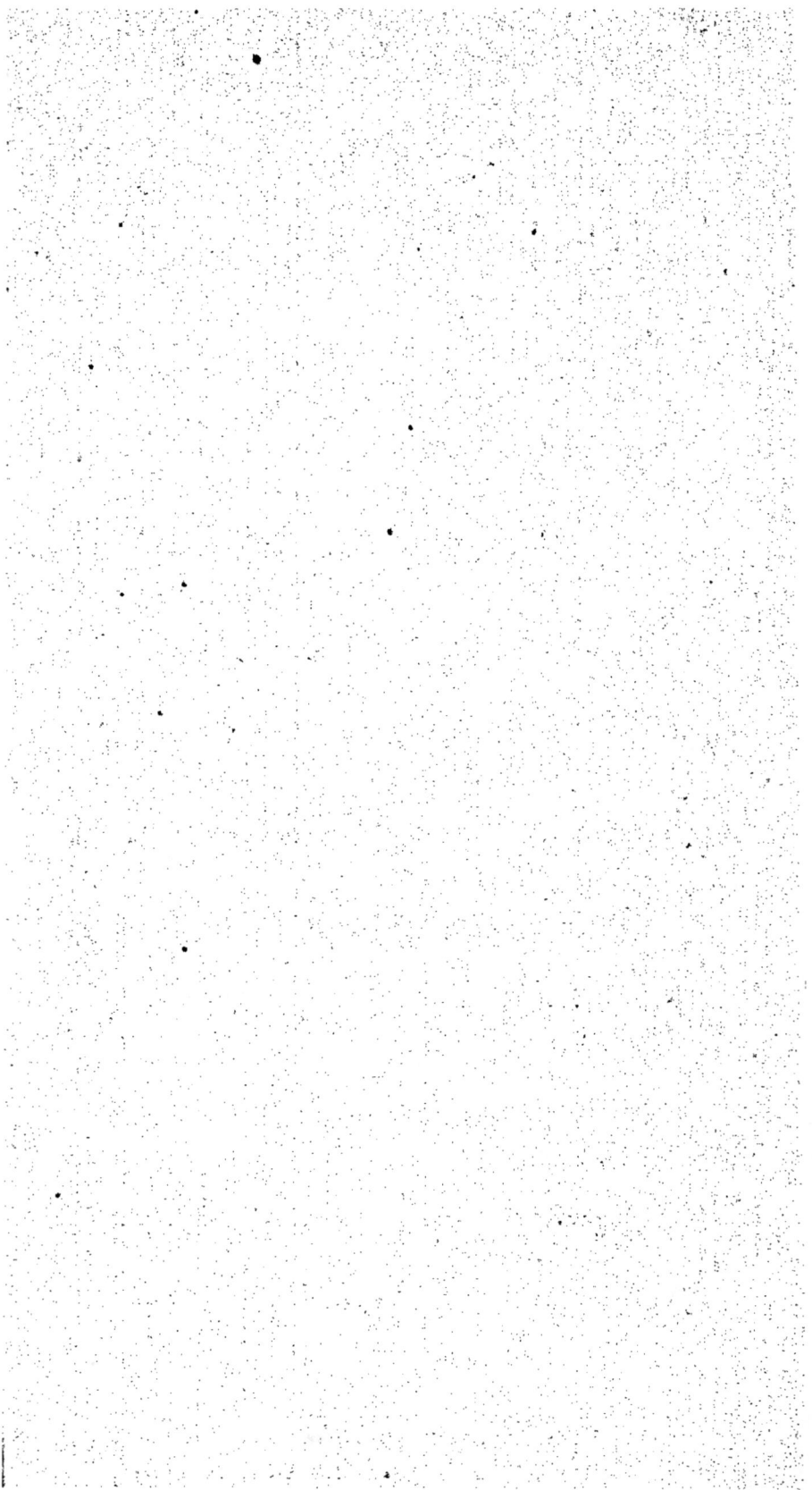

LA BARONNE

ET LE BANDIT.

CHAPITRE PREMIER.

L'Adjudication.

Monsieur Plantard était un fort honnête industriel, dans toute l'acception de ce mot : marchand, issu de marchand, il achetait et vendait avec tout le talent imaginable, toiles, indiennes, cotonnades etc.; il payait régulièrement ses impôts, entendait la messe le dimanche, faisait ses pâques une fois l'an, et ne concevait guère que le monde pût s'étendre au-delà de Rouen où il allait, deux fois par an, faire les emplettes nécessaires pour ravitailler son magasin situé dans le quartier le plus vivant de la bonne ville d'Evreux. De politique, l'honnête Plantard ne s'en occupait pas plus que de la découverte du Nouveau Monde; quant à l'amour, madame Plantard disait en confidence à ses amies qu'il ne l'avait jamais connu, ce qui n'empêchait pas la gentille marchande d'être enceinte de deux ans l'un.

Quoi qu'il en fût, monsieur Plantard prospérait; il était maintenant propriétaire, avait pignon sur rue; sa signature était réputée argent comptant; les fabricans l'accablaient d'offres de service, et le nombre de ses pratiques allait croissant. De cinq enfans que lui avait donnés madame Plantard, il ne lui en restait qu'un; mais c'était un garçon, et toutes les commères du quartier s'accordaient à dire que le marmot était le portrait vivant du marchand, bien que l'un fût brun et l'autre blond; que le père eût les yeux petits et la bouche grande, tandis que le fils avait les yeux grands et la bouche petite ; que l'un eût le menton pointu et l'autre rond, etc., etc. *Is pater est quem nuptiæ demonstrant :* les bonnes femmes d'Evreux n'avaient pas inventé cela; mais elles étaient fort aises que cette grosse sottise, sortie toute vive du cerveau d'un faiseur de lois, fût considérée comme article de foi.

Ainsi donc, monsieur Plantard

était en très-bon chemin de fortune, et si les choses se fussent maintenues quelque trente années dans le même état, il se fût bien certainement retiré du commerce après ce laps de temps avec un revenu de huit à dix mille francs. Mais déjà la liberté, cette magicienne qui devait faire le tour du monde, s'était mise en chemin ; la Bastille avait été prise par les Parisiens ; la garde nationale était organisée, les États généraux étaient assemblés : les événemens marchaient ; les abus croulaient, et cette vieille monarchie de quatorze siècles, comme ils disent, tombait en poussière, écrasée sous son propre poids. La famille royale était prisonnière; et pour mieux la défendre, ses prétendus amis se sauvaient à l'étranger. La machine féodale se détraquait de toutes parts, et de ce chaos, de nouvelles institutions commençaient à surgir... Et cependant le respectable monsieur Plantard continuait à auner de la toile, payer ses impôts, faire des enfans et entendre la messe, comme si tous ces événemens politiques se fussent passés à six mille lieues de la ville d'Evreux. Quant à madame Plantard, elle s'occupait un peu plus des affaires de son pays, et il lui arrivait même quelquefois d'en parler à son mari.

— Il faut convenir, monsieur, lui dit-elle un jour, que vous êtes un homme bien singulier !...

— Qu'entendez-vous par ces paroles, madame ?

— J'entends qu'il est inconcevable, quand une foule de personnes de notre connaissance s'enrichissent au moyen de spéculations sûres et faciles, de voir que vous vous obstiniez à mesurer de la toile pour mettre un sou sur l'autre... Voyez monsieur Carré, par exemple.....

— Ah! ah! je comprends... oui, j'y suis...... Vous êtes d'avis qu'au lieu d'aller dans huit jours à la foire Saint-Romain, je devrais acheter des biens nationaux qui se vendent si bon marché.

— Précisément, monsieur; pourquoi n'en achèteriez-vous pas aussi bien que tant d'autres?

— Ah! pourquoi?..... c'est que, voyez-vous, chère amie, le pourquoi... il y en a plus d'un pourquoi...... Et il y a encore plus de *parce que*... et ces diables de *parce que* me font une peur d'enfer, surtout depuis que les Vendéens se sont avisés de charger leurs fusils avec....

— Poltron !

— Écoutez donc, madame Plantard, tout le monde n'est pas disposé à se faire passer une balle ou deux au travers du corps pour le plaisir d'être pendant vingt-quatre heures propriétaire d'un château vendu par ceux à qui il n'appartenait pas... Ces pauvres acquéreurs de biens nationaux, depuis quinze jours, dans les environs, on les tue comme des lapins.

— Et c'est pour cela que vous voulez toujours être de la race des lièvres.... Allez, vous êtes bien fait pour végéter toute votre vie, pour croupir dans votre comptoir.... Et dire que la terre de Vernance est affichée! le plus beau domaine de dix lieues à la ronde!... On le donnera pour un morceau de pain..... S'obstiner à pourir dans une boutique quand on pourrait acheter un château avec le quart de ce que l'on possède!...

— Il est vrai que... arithmétiquement parlant... le domaine de Vernance serait un joli joyau dans la famille.

— Et après celui-là un autre, monsieur.

— C'est juste; après celui-là je ne vois pas pourquoi... ce n'est pas une mauvaise idée que vous avez là, madame Plantard; et si ce n'était ces diables de coups de fusil....

— Eh! mon Dieu, il faut bien songer à l'avenir, et risquer quelque chose...

— C'est juste... c'est parfaitement juste... Il est seulement fâcheux que ce quelque chose soit la vie de votre mari, madame.

— Et notre fils, notre Victor qui a bientôt dix ans, avez-vous l'intention d'en faire un marchand de toile?... Je vous déclare que je ne le souffrirai pas... non, monsieur, je ne le souffrirai pas... quand il serait si facile de lui laisser une belle fortune... C'est indigne, monsieur Plantard!... on doit savoir se sacrifier pour ses enfans.

— Et pour acheter des châteaux à sa femme, n'est-ce pas?

— Oh ! vous êtes d'un égoïsme !..

— C'est ça ! on est égoïste parce qu'on ne veut pas se faire tuer.

— Eh ! monsieur, vous n'êtes pas le seul !..

— Belle consolation !

— Être arrêté par une misère, quand il s'agit de gagner vingt mille francs de rente.

— Quant à ça, je conviens que c'est un beau denier....

— Que vous vous laisserez souffler comme un sot.

— C'est ce que nous verrons, madame Plantard!.. La chose mérite réflexion... Il est possible qu'en prenant des précautions... en ne sortant pas de chez soi par exemple, on ne risque pas d'être fusillé sur la grande route.

— C'est bien heureux que vous conveniez de cela!... Et puis n'aurez-vous pas des gardes qui vous serviront d'autant mieux que vous les paierez bien?

— Des gardes pour mes domaines; mais c'est de ma personne qu'il s'agit... Des gardes!... c'est fort agréable certainement.... avec la bandouillère jaune, la carnassière au dos... ils empêcheront bien qu'on ne coupe mes bois ; mais ils n'empêcheront pas les Chouans de fondre des balles à mon intention... Je sais bien que vingt mille livres de rente ne se trouvent pas sous le pied d'un cheval...

— Et comptez-vous pour rien le plaisir de se faire appeler monsieur Plantard de Vernance?

— Plantard de Vernance!... c'est pourtant vrai ; je me ferais appeler monsieur Plantard de Vernance… et l'on dirait au moins, en cas d'accident : « Monsieur Plantard de Vernance a été pendu hier dans son château… » C'est toujours une consolation. Cependant, vous trouverez bon que j'y réfléchisse encore quelque temps.

— C'est cela ! et je gagerais que, grâce à vos belles réflexions, vous vendrez de la toile toute votre vie.

— Quand cela serait… quel diable ! madame, nous ne sommes pas sortis de la côte de Saint-Louis… Quant à votre monsieur Carré que vous me jetez sans cesse à la tête, il ne faut pas croire qu'il ait inventé la poudre, et nous verrons comment ça tournera pour lui... Il y a anguille sous roche, madame Plantard !...

— Que signifient ces propos ?

— Ça signifie que la république une et indivisible pourrait bien faire la culbute un de ces matins, et alors vous sentez bien que tous les châteaux de Carré ne vaudraient pas la boutique de Plantard.

Madame Plantard soupira et se tut ; mais elle ne renonça pas à faire prévaloir son opinion, et la discussion s'était déjà renouvelée bien des fois, lorsqu'un jour l'ambitieuse marchande s'écria :

— Enfin c'est demain que la terre de Vernance sera adjugée !

— Et c'est après-demain la Saint-Romain.

— J'espère bien que vous n'irez pas...

— Parce que ?...

— Parce que... parce que je ne le veux pas...

Le grand mot était lâché; c'était la première fois de sa vie que madame Plantard en faisait usage, et elle n'était pas très-rassurée sur les suites qu'il pouvait avoir : mais elle s'aperçut promptement qu'il produisait tout l'effet qu'il pouvait produire sur un homme du caractère du marchand, et sûre du succès, elle reprit courage; de sorte que, lorsque son mari, tout stupéfait de ce qu'il venait d'entendre, voulut essayer de répliquer, elle l'interrompit au premier mot, en s'écriant :

— Oui, monsieur, je veux vous

forcer à faire votre fortune : si vous refusez, je vous quitte, je demande la séparation de biens ; je vous ruine en vous forçant à me rendre ma dot, et j'enrichis Victor en achetant des biens nationaux... C'est dans des cas semblables qu'il faut avoir du caractère, et j'en aurai !..

— Eh ! là ! là ! ma chère amie, qui vous dit que je n'en ai pas ?

— Vous ! vous n'en aurez jamais !

— Madame, c'est une supposition injurieuse !... J'en ai eu, j'en ai, j'en aurai, et je vous le ferai voir...

— En allant à la foire de la Saint-Romain.

— Au contraire, madame, en n'y allant pas... J'achèterai la terre de Vernance... oui je l'achèterai... quand on devrait me fusiller dix minutes après l'adjudication..... Voilà comme je suis, moi, madame; quand je m'y mets, je me moque autant des coups de fusil que de l'an quarante.... Vous voyez donc bien que vous auriez tort de chercher à me faire peur avec votre séparation, votre dot, etc.

— Voilà comme j'aime à vous

voir.... Ce pauvre cher enfant qui est si délicat, il sera bien heureux d'avoir de la fortune!... N'allez pas vous dédire au moins.

— Jamais, madame!... Le château de Vernance est à moi à la vie à la mort!...

Malgré cette courageuse résolution, l'honnête marchand passa une fort mauvaise nuit; il rêva chouans, coups de fusil, se réveilla dix fois en sursaut au moment où il se croyait aux prises avec les *blancs*, et, comme Saint-Pierre, en entendant le coq chanter, il se repentit amèrement de ce qu'il avait dit la veille. Mais madame Plantard n'était pas d'humeur à souffrir une rétractation, et comme elle s'aperçut aisément que le courage de son mari était singulièrement modifié par les réflexions de la nuit, elle entreprit de le remonter au diapason nécessaire, en lui faisant un tableau séduisant de tous les avantages, les plaisirs, le bonheur que leur procurerait une si belle fortune. Monsieur Plantard hochait la tête, fronçait le sourcil et ne répondait point.

— Auriez-vous déjà oublié vos promesses, monsieur ?

— Lesquelles, madame?

— Ne vous souvient-il plus de ces mots dignes d'un homme de cœur : « J'en ai eu, j'en ai, j'en aurai, et je vous le ferai voir?

— Au contraire..... Parbleu!.... tel que vous me voyez, je suis disposé à vous faire voir tout ce que vous voudrez.....

— Eh bien, monsieur, je veux qu'à l'instant même vous me montriez les talons, et que vous ne reparaissiez devant moi qu'après avoir acheté le domaine...

Le pli était pris depuis la veille, et ce second *je veux* passa beaucoup plus facilement que le premier. Monsieur Plantard baissa la tête, se gratta l'oreille, mit son chapeau et sortit sans répliquer.

La salle où devait se faire l'adjudication était déjà pleine quand il y arriva ; car alors, comme aujourd'hui, il ne manquait pas de gens disposés à jouer leur vie contre quelques milliers de francs ; il est même certain qu'il y en avait, dans ce temps-là, beaucoup plus que de nos jours ; de sorte que l'on peut se demander si c'est le courage des hommes qui périclite, ou leur amour de l'or : résolve la question qui voudra. Au nombre des plus empressés enchérisseurs était monsieur Carré, le monsieur Carré que, à tout propos, madame Plantard citait comme modèle à son mari : il avait soigneusement examiné le cahier des charges, et se croyait déjà le propriétaire de ce beau domaine ; mais monsieur Plantard, de même qu'un poltron qu'on a rendu intrépide en le poussant à bout, arrivait là avec la résolution, immuable cette fois, d'en sortir adjudicataire : aussi mit-il l'enchère avec une confiance et un aplomb qui déconcertèrent tout d'abord les membres de la bande noire les plus déterminés. Pour la sixième fois il venait d'ajouter cinq cents francs aux prix offerts par ses concurrens, dont quelques uns avaient abandonné la partie, lorsqu'un jeune homme au visage doux, aux manières distinguées, qui semblait à dessein s'être fourvoyé dans cette cohue de démolisseurs, aborda monsieur Plantard.

— Monsieur, lui dit-il, vous passez pour un honnête homme, et je suis persuadé que votre réputation est bien acquise. Vos intentions ne peuvent être que très-louables; vous ne serez jamais complice d'un gouvernement spoliateur..... Le domaine de Vernance est un dépôt que son véritable propriétaire confie sans crainte à votre probité, à votre loyauté bien connues... Continuez : cette terre vaut cinq cent mille francs et ne sera pas vendue plus de dix mille écus... Le baron de Vernance est homme à vous compter, dans un temps plus heureux, le triple de cette somme.... mais s'il se trompait.... si vous n'étiez, comme tous ces misérables, qu'un homme avide.... vous auriez à craindre comme eux le jour de la justice, et cette justice sera terrible !....

Cela dit, et avant que notre intrépide enchérisseur eût pu répondre un mot, le mystérieux jeune homme disparut. Trois minutes après, le domaine de Vernance fut adjugé à monsieur Plantard pour la somme de vingt-huit mille francs : c'était à peu près la seizième partie de sa valeur.

— Madame, dit l'honnête marchand en rentrant chez lui, vos vœux sont accomplis : le domaine est à moi, et je n'irai pas à la

Saint-Romain ; mais, à compter d'aujourd'hui, je crois qu'il sera prudent que je me tienne en état de grâce.

— Allons donc ! de pareilles craintes sont indignes d'un homme !...

—C'est-à-dire que vous voudriez qu'un homme ne tînt pas à garder sa tête sur ses épaules!...mais j'y tiens, moi, madame ; j'y tiens essentiellement... Quel diable ! dans un temps où l'on vante si fort la liberté, il serait curieux qu'un homme ne fût pas libre de dire que les morts subites ne sont pas de son goût !... Si je vous disais que j'ai déjà été menacé....

— Bon, bon ! vous me direz plus tard tout ce que vous voudrez ; pour le moment il s'agit de prendre possession.... Dieu, que je suis aise !... madame Plantard de Vernance !... Un nom de terre, comme cela fait bien !... Je me charge des préparatifs, monsieur... vous êtes trop timoré pour faire bien les choses.

L'honnête marchand hasarda bien quelques objections ; mais

déjà, et en dépit de lui-même, l'ambition et l'amour-propre fermentaient dans sa tête, et il ne tarda pas à trouver excellentes toutes les raisons de sa femme. Elle voulut des chevaux, et il en eut; une voiture, et il en acheta une; puis comme il avait déjà fait trois ou quatre fois le chemin d'Evreux au château de Vernance sans entendre un coup de fusil, il s'enhardit, acheta des terres, des bois, des fermes, vendit la boutique, et devint en deux ans l'un des plus riches propriétaires du département.

— Et voilà pourtant ce que c'est,

disait-il à ses amis, que d'avoir de la tête et du cœur !... Grâce à Dieu, nous avons de tout cela, ma femme et moi !...

—

CHAPITRE II.

Grand merci, citoyens! — L'Education.

—

Malheureusement, depuis que monsieur et madame Plantard avaient du cœur et de la tête, ils avaient cessé d'avoir le sens commun. C'était quelque chose de vraiment curieux que l'ex-marchand de toile en habit carré, en bottes molles, les cheveux en cadenette, et la moitié du visage enfoncée dans une énorme cravatte, faisant les honneurs d'un dîner de quarante couverts, dont les convives étaient des officiers municipaux, des présidens de sections, des membres du comité révolutionnaire, etc., tous gros bonnets de la bande noire à laquelle maintenant le citoyen Plantard était affilié.

— Citoyen Brutus Pinçon, une

tranche de gigot... Citoyenne Lucrèce Pirard, un peu de ces choux-fleurs... Mucius-Scœvola Cagnard, cette truite vous dit-elle quelque chose ?...

Puis on buvait à la république, à la liberté, à l'égalité ; et si quelque pauvre diable mourant de faim se présentait à la grille du château, on le chassait sans pitié ni miséricorde, et on lui prouvait jusqu'à l'évidence qu'il était bien libre de dîner partout où il voudrait, pourvu qu'il eût un habit propre et de l'argent dans sa poche.

Il y avait chez ces prétendus républicains, du marchand et du grand-seigneur, en ce sens qu'ils n'avaient aucune des qualités de ces deux castes, et qu'ils en avaient tous les vices. Telle fut l'origine de cette aristocratie financière que nous voyons maintenant orgueilleuse et rampante, sotte, avare, guindée, affamée de pouvoirs, d'honneurs, et cachant sous des cordons la fange de son origine; voilà tout ce qu'ils nous ont légué, ces farouches démagogues. Grand merci, citoyens!...

D'après cela, lecteurs honorables, faites-vous, si cela est possible, l'idée de la manière dont fut élevé le jeune Victor Plantard : sans cesse bourré de bonbons, biscuits, confitures; ne prenant que peu ou point d'exercice, et n'apprenant rien de peur qu'on ne le fatiguât, il vivait dans une sorte d'idiotisme, de marasme, qu'augmentait encore les visites d'un médecin ignare et stupide comme il y en avait tant alors, et comme il y en a encore de nos jours une quantité fort honnête. Si Victor bâillait, on lui donnait des pilules; s'il saignait du nez, on lui faisait avaler de la rhubarbe; puis force décoctions de chiendent, de quatre fleurs, etc., etc., si bien que lorsque le confiseur ne remplissait pas l'estomac du pauvre enfant, c'était l'apothicaire qui se chargeait de le suppléer. C'était, du reste, un excellent enfant, criant, tempêtant, cassant les vitres et battant les gens à la moindre contrariété, ce qui plaisait singulièrement à madame Plantard. Victor atteignit ainsi sa quatorzième année; il avait grandi; son front était large, ses yeux vifs, et malgré la langueur empreinte sur ses traits et dans tous ses mouvemens, on voyait aisément qu'il y avait de l'avenir dans ce jeune homme. Jusqu'alors, chaque fois qu'il s'était risqué à sortir seul du château, ses plus longues excursions ne s'étaient pas étendues plus loin que la ferme voisine, ou la maison du bon Robert, vieux garde-chasse qui avait passé du service du baron de Vernance à celui de monsieur Plantard, non sans chagrin, mais avec résignation.

Un jour que Victor était entré plus brusquement que de coutume chez Robert, il trouva le vieillard fort occupé à lire une lettre dont le contenu semblait l'intéresser vivement.

— Soyez le bienvenu, monsieur

Victor, dit le garde; et permettez que je continue ma lecture.

En parlant ainsi, le vieux Robert essuyait avec le dos de sa main quelques grosses larmes qui roulaient sur son visage. Le jeune homme fut quelques instans sans proférer une parole, et ce ne fut que lorsque le garde se mit en devoir de plier la lettre, qu'il dit :

— C'est donc bien triste ce que vous venez de lire là ?

— Oh ! oui, mon cher monsieur, bien triste !... Tenez, voulez-vous en prendre connaissance ?..

Et il lui présenta le papier.

— Ah ! dam ! si je savais lire...

— Vous ne savez pas lire ! interrompit Robert stupéfait.

Victor ne répliqua point ; peut-être même n'entendit-il pas l'exclamation du garde : il venait d'apercevoir, assise près de la fenêtre, une jeune femme pâle, les cheveux en désordre, les yeux baignés de pleurs ; ses traits étaient divins, malgré la vive douleur qu'ils exprimaient ; on eût dit un ange tombé pleurant le paradis qu'il venait de perdre. Pendant quelques secondes les chétives facultés de Victor parurent anéanties, il ne lui restait que celle d'admirer. Cette espèce d'extase dura jusqu'au moment où la jeune dame regardant alternativement Robert et Victor, et semblant faire trève à ses chagrins, dit d'une voix douce qui retentit dans le cœur du pauvre idiot :

— Il ne sait pas lire!... malheureux jeune homme! qu'a-t-il donc?

Pour la première fois de sa vie Victor sentit la honte colorer son front; il eût voulu pouvoir se cacher dans les entrailles de la terre.

— Pourquoi donc ne veulent-ils rien m'apprendre! s'écria-t-il en se frappant le front.

Puis joignant les mains et s'approchant de la belle inconnue :

— Oh! madame, si vous vouliez... j'apprendrais si vite avec vous!...

La jeune dame sourit; Robert semblait quelque peu embarrassé.

— Madame, dit-il, monsieur est le fils de monsieur Plantard, maintenant propriétaire de la terre de Vernance.

Ils échangèrent un signe d'intelligence; puis la jolie affligée répondant à la prière de Victor :

— Monsieur, lui dit-elle, je fais de fréquentes visites à monsieur Robert; nous pourrons nous rencontrer quelquefois, et je serai enchantée de vous aider à réparer le temps précieux qu'on vous a laissé perdre.

Jamais Victor n'avait éprouvé de plaisir aussi vif que celui que lui causèrent ces paroles; jamais non plus il ne s'était trouvé aussi embarrassé pour exprimer ce qu'il ressentait : il ne trouvait pas un mot, pas un misérable lieu commun pour remercier sa future institutrice. Son embarras était si grand, que Robert eut pitié de lui, et vint à son aide en lui offrant un siége près de la jeune dame; et elle aussi eut pitié du pauvre enfant qui peu à peu reprit quelque aplomb, et répondit tant bien que mal aux questions qu'elle lui adressait. Il n'y avait plus que les regards de la dame qui le déconcertassent; il ne pouvait supporter l'éclat de ces grands yeux noirs qui de temps en temps se levaient sur lui ; et cependant il n'eût donné pour rien au monde ces regards qui seuls eussent suffi pour débrouiller le chaos de son intelligence. Cela dura jusqu'au soir ; jamais le jeune Plantard n'avait fait de visite aussi longue au vieux Robert.

— J'espère, mon cher professeur, dit-il en se retirant, que vous voudrez bien m'apprendre votre nom?

Victor était déjà méconnaissable; c'était la première fois de sa vie qu'il parlait sur ce ton. La jeune dame jeta sur Robert un coup d'œil interrogateur, et après un signe du vieux garde, elle répondit :

— Je m'appelle Lucie, monsieur.

— Adieu donc, belle Lucie.

Il mourait d'envie d'appuyer ses lèvres sur la jolie main qu'il tenait; mais, quelque effort qu'il fît, il ne se trouva pas assez d'audace, et il fallut qu'il se contentât d'un regard et de la promesse de se revoir le lendemain.

C'était la première fois que Victor s'était absenté si long-temps; aussi, à son retour, trouva-t-il tout le monde en émoi au château : on le cherchait depuis deux heures; monsieur Plantard avait fait seller tous les chevaux, et l'on se préparait à une battue générale dans les environs, lorsque les cris : le voilà! le voilà! se firent entendre.

— Eh bien, oui, me voilà, dit-il en s'approchant de son père.... ne dirait-on pas que c'est une merveille qui arrive?... Triste merveille, en effet! un jeune homme qui ne sait pas lire à quinze ans!...

— Sur quelle diable d'herbe as-tu marché, mon Victor?...

— Il ne s'agit pas de cela: je suis un ignorant, un sot, un âne...

— Qu'est-ce à dire, monsieur? Je voudrais bien savoir quel est l'insolent qui a osé insulter ainsi...

—Oui, mon cher papa, je suis...

— Vous êtes, monsieur, le fils unique de monsieur Plantard de Vernance... voilà ce que vous ne devez jamais oublier, ce que je ne souffrirai jamais que l'on oublie...

oui, de monsieur Plantard de Vernance qui a maintenant cinquante mille livres de rentes... Je voudrais bien connaître le pendard qui respecterait assez peu le fils d'un homme comme moi... Croiriez-vous, madame Plantard de Vernance, que l'on a osé dire à monsieur notre fils... Ah! corbleu! cela ne se passera pas ainsi... je veux que le drôle meure sous le bâton... Jacques!... Antoine!... holà! mes gens... tous mes gens...

— Mais qu'y a-t-il donc? demandait madame Plantard... Pauvre poulet, que t'est-il donc arrivé?

— Rien, maman ; c'est papa qui se fâche parce que je ne veux plus être un âne.

— Eh ! mon chéri, est-ce qu'un homme de ta condition n'a pas le droit d'être tout ce qu'il veut ?

— Bien cela ! madame, s'écria l'ex-marchand, très-bien !... voilà les bons principes, les seuls bons principes... Il serait aussi par trop fort qu'un homme de votre condition ne fût pas tout ce qu'il veut être... Retenez bien cela, monsieur Victor Plantard de Vernance !..

— Mais je veux être savant,

moi!... je veux des maîtres, beaucoup de maîtres.... des maîtres de toutes sortes...

— Ah! malheureux enfant! pour te fatiguer, n'est-ce pas? pour t'échauffer, te faire monter le sang à la tête, te donner une fluxion de poitrine, une fièvre cérébrale...

— Mais, madame, regardez donc comme il est rouge, comme il a l'œil animé... Si c'était le délire qui...

— Dieu! quel trait de lumière!.. Le malheureux a le transport...

— Holà! mes gens.... tous mes gens.... qu'on l'emporte dans son lit, qu'on le contienne ; qu'on aille, qu'on coure, qu'on vole chercher le médecin!...

Il n'en fallait pas tant pour rendre furieux le jeune Victor, accoutumé à n'être jamais contredit ; aussi commença-t-il à distribuer à droite et à gauche force coups de poing et coups de pied ; il mordait celui-ci, égratignait celui-là, criait, tempêtait, se démenait comme un possédé, ce qui n'empêcha pas qu'on le portât dans son lit, où quatre des plus vigoureux domestiques le continrent jusqu'à l'arrivée du médecin.

— Oh ! oh ! dit tout d'abord l'Esculape, le cas est grave !

— Docteur, vous êtes un sot !... Je veux des maîtres; je veux apprendre à lire...

— Diable ! diable ! il y a délire; la congestion cérébrale est à craindre...

— Ah ! mon Dieu ! mon Dieu ! criait madame Plantard en fondant en larmes; mon Victor, mon cher poulet, calme-toi, je t'en supplie... Il y a conjonction, cher ami...

Mais à tout cela Victor ne répondait que par ces mots :

— Je veux apprendre à lire, à écrire... je veux des professeurs!..

— Mais, mon cher monsieur, dit gravement le médecin, je suis moi-même professeur...

— Oui, professeur de drogues ; mais ce n'est pas cela que je veux.

Et profitant de la liberté que l'on

avait rendue à l'un de ses bras, il saisit une potion calmante que le docteur avait posée sur la table de nuit et la jeta au travers des vitres. Tout le monde était dans la consternation; madame Plantard continuait à pleurer, son mari criait après ses gens qui n'en pouvaient mais, et le médecin auquel tout ce bruit achevait de faire perdre la tête, profitant de la confusion qui régnait autour de lui, s'esquiva furtivement, sauta sur son cheval, et retourna chez lui, laissant le soin de guérir le jeune malade au hasard et à la nature qui sont bien, à vrai dire, les plus habiles docteurs de ce monde. Enfin, la crise cessa ; c'est-à-dire que le jeune Victor, fatigué de cette scène, cessa de crier, et s'endormit tranquillement, événement qui ramena un peu de calme au château.

Tandis que cela se passait, le vieux Robert et la jeune dame s'entretenaient paisiblement.

—Franchement, madame, disait le garde-chasse, cela ne me paraît pas prudent.

—Mais, mon vieil ami, ce jeune homme ne me connaît pas...

— A la bonne heure ; mais tout le monde, excepté lui peut-être, vous connaît dans le canton : le souvenir de la baronne de Vernance est encore dans tous les cœurs, et ça n'est pas étonnant, si bonne, si jeune, et si malheureuse ! il ne faut qu'un mot hasardé pour qu'on découvre votre retraite, et alors... Oh ! je ne veux pas penser à ça !

— Vous vous alarmez trop facilement, bon Robert... je vous en prie, ne me privez pas du plaisir de faire un peu de bien ; il y a si long-temps que cela ne m'est arrivé !.. Et puis ce pauvre enfant, qui est la candeur même, ne saurait être ingrat, et il sera discret dès que je lui aurai fait comprendre qu'une indiscrétion me rendrait malheureuse.

— Il faut bien vouloir ce que vous voulez, madame... vous savez bien que Robert est à vous, corps et âme... et il n'y a pas de quoi se vanter au moins ! ce n'est que justice; c'est bien le moins que je fasse le sacrifice de mes derniers jours à la famille qui depuis quarante ans nous comble de bienfaits, moi et les miens...

— Ne parlons pas du passé, mon ami.

— C'est vrai... je devrais bien sentir que...

— Assez, Robert!

Le vieux garde baissa la tête et se tut, et la baronne de Vernance, car c'était elle, se retira dans la petite chambre que, depuis plusieurs mois, elle occupait dans la maisonnette du garde-chasse. La pauvre jeune femme, à peine âgée de dix-huit ans, avait suivi son mari à l'étranger. Le baron de Vernance était brave, emporté, fougueux; il s'était jeté tout d'abord dans les rangs de l'armée de Condé, et s'était fait tuer à la première affaire. La jeune veuve, sans appui, sans ressources, avait vécu pendant quelque temps du travail de ses mains; puis, malgré tous les dangers que couraient les émigrés en pareil cas, elle était rentrée en France à l'aide d'un déguisement, et s'était réfugiée chez le vieux Robert dont le dévouement et la loyauté lui étaient connus. Là elle avait attendu pendant long-temps des nouvelles et des secours de sa famille retirée en Angleterre. De secours, il ne lui en vint point ; une lettre seule lui parvint : elle lui apprenait que ses deux frères venaient d'être tués à la déplorable affaire de Quiberon... C'était cette lettre que Victor avait vue entre les mains du vieux garde ; c'était à cette lettre que le jeune homme allait devoir une nouvelle vie.

CHAPITRE III.

La première Leçon.

—

La surprise fut extrême au château, lorsque, le lendemain d'une alerte si chaude, on vit le prétendu malade se lever et déjeûner comme de coutume; peu s'en fallut que l'on attribuât cela à un nouvel accès de fièvre cérébrale; mais le jeune Victor était si calme, que, avec la meilleure volonté du monde, il eût été impossible de prendre le change.

— Maintenant, mon cher père, dit-il à monsieur Plantard, maintenant que vous savez, que vous voyez que le mal qui me tourmente ne peut être guéri par les médecins et les drogues, j'espère que vous me donnerez des maîtres..... Ce sont là les médecins qu'il me faut.

— Mais tu veux donc te tuer, malheureux?

— Non, mon cher père, au contraire, je veux vivre.... mais vivre comme un homme et non comme une brute.

Là-dessus monsieur Plantard, tout émerveillé, courut à sa femme, sans l'avis de laquelle rien ne se faisait depuis qu'on devait à sa volonté ferme cinquante mille livres de rentes, et avec le ton solennel qu'il ne quittait presque plus depuis qu'il se croyait un grand personnage, il dit :

— Il m'est venu une idée, madame !...

— C'est possible, monsieur ; cela peut arriver à tout le monde.

— Tel que vous me voyez, je viens d'entrevoir la possibilité de faire un grand homme !...

— Et comment ferez-vous cela, monsieur ?

— Avec votre aide, madame, si

vous voulez bien le permettre.....

— Que je vous permette de....
mais, monsieur Plantard, vous n'y
pensez pas!...

— Au contraire, madame, j'y
pense singulièrement.... d'autant
plus que c'est une idée à moi, une
idée originale.

— Voyons donc votre procédé?

— D'abord, madame, vous n'i-
gnorez pas que notre fils Victor est
un jeune homme accompli, qui n'a
point la fièvre, ainsi que nous l'a-

vions imaginé; mais qui se porte à merveille, et qui veut, à toute force, devenir un savant....

— Où voulez-vous en venir?

— Parbleu! c'est bien simple : d'un savant à un grand homme il n'y a que la main... Je suppose que Victor veuille dix professeurs; nous lui en donnons quinze, et alors.... vous sentez la conséquence, madame Plantard de Vernance?

— Oui, monsieur; et j'admire les efforts d'imagination que vous avez faits pour arriver là. Mais, avant tout, il ne serait pas mal de consulter Victor sur votre projet.

— Oh! cela n'est pas difficile.... Je l'ai laissé dans le jardin, et je vais de ce pas...

Et monsieur Plantard se mit à courir à toutes jambes vers le lieu où il avait quitté son fils; mais celui-ci était déjà loin. Profitant du moment où personne ne l'observait, il avait passé du jardin dans le parc dont il avait fort lestement escaladé le mur; et le grand homme futur de la façon du marchand de toile prenait, en attendant mieux, sa première leçon de lecture près du charmant professeur que le hasard lui avait fait découvrir chez le garde-chasse. Assis près de la jolie veuve dont la tête touchait la sienne, il osait à peine respirer de peur de perdre un mot de la leçon; de temps en temps sa main rencontrait celle de la belle Lucie, et un tressaillement délicieux agitait tout son être........ Et comme son intelligence s'agrandissait! comme il était avide de ses douces paroles! comme il les retenait et comme elles brûlaient son cœur! Rien de cela n'échappait à madame de Vernance; elle était heureuse, et n'avait pas le courage de s'en défendre.... Pauvre femme, elle n'avait pas vingt ans!...

— Mon cher élève, lui dit-elle après la leçon, vous ne manquez pas de bonne volonté; mais cela ne suffit pas...

— Que faut-il donc, madame? au nom de Dieu! dites-moi ce qu'il faut faire, ce qu'il faut être.... Oh! je serais si heureux d'exécuter vos moindres volontés!...

Il dit cela avec tant de feu; il était si aisé de lire dans ses yeux toute sa pensée, que la jolie baronne eut bien vite recours à son mouchoir pour cacher la vive rougeur qui, dès les premiers mots, avait coloré son charmant visage. Elle se remit néanmoins assez promptement, et répondit en s'efforçant de prendre un ton grave et solennel :

— Il faut être discret, mon jeune ami; une discrétion à toute épreuve, voilà ce que j'exige de vous en échange de mon amitié et de mes leçons... Écoutez, Victor, vous ne pouvez parler de moi à qui que ce soit sans compromettre ma liberté... et peut-être ma vie !...

Le jeune homme releva brusquement sa tête qu'il tenait penchée vers le livre ; ses yeux rencontrèrent ceux de la baronne, et pour la première fois il soutint le choc sans reculer ; ce qu'il venait d'entendre lui semblait tellement extraordinaire, qu'il doutait qu'il fût bien éveillé.

— Votre vie ! madame, s'écria-t-il ; votre vie serait menacée ?..... ici... dans la terre de mon père ?...

A ces dernières paroles, le visage de la jeune veuve se contracta légèrement ; mais cela fut si court que Victor ne put s'en apercevoir.

— N'en demandez pas davantage pour aujourd'hui, mon jeune ami, lui dit-elle; plus tard je m'expliquerai...... et moi aussi peut-être j'aurai besoin de votre aide!....

Ce mystérieux entretien avait tant de charme pour le jeune homme, qu'il prêtait encore l'oreille alors que la baronne avait depuis quelques instans cessé de parler; ce ne fut que lorsqu'elle se leva qu'il sortit de cette préoccupation.

— Il est temps de nous séparer, monsieur Victor.

— Déjà !...

— Une plus longue absence pourrait alarmer vos parens.... Je vous attendrai demain.

— Demain !... oh ! oui, demain, tous les jours. Vous le voulez bien, n'est-ce pas ?... Dites-moi que vous le voulez bien... dites-moi que mon ignorance ne vous inspire pas de dégoût... J'apprendrai tout ce que vous voudrez, et il suffira pour cela que vous disiez : *je le veux !*... Bel ange ! c'est le ciel qui vous a envoyé à mon aide !...

Où Victor avait-il appris ces paroles ?.... qui lui avait donné le courage de les adresser à une femme sur laquelle, quelques heures auparavant, il osait à peine lever les yeux ? C'est ce que je ne me charge pas d'expliquer ; une jolie femme fait quelquefois de si grands miracles !... et les miracles sont inexplicables de leur nature. Or, cette fois, le miracle fut complet ; car Victor baisa bien tendrement et à deux reprises la main de la jolie baronne, et comme, à quinze ans, il est fort difficile de s'arrêter en si beau chemin, on ne saurait dire jusqu'où notre écolier eût été, si la brusque apparition de Robert ne l'eût interrompu. Aussi, ce jour-là, rentra-t-il au château la tête haute et le visage rayonnant; il lui semblait qu'il était grandi de deux pieds.

— Mon cher père, dit-il à monsieur Plantard qui lui reprochait sa brusque disparition et sa longue absence; mon cher père, je suis maintenant un homme, et je suis décidé à ne plus souffrir que l'on me traite comme un enfant....

— Voyez comme il est échauffé !.. Victor, cela n'est pas bien... Savez-vous à quoi vous nous exposez, monsieur, le savez-vous ?

— A attraper quelque rhume de cerveau ?

— Quand ce ne serait que cela, vous devriez vous ménager davantage ; mais il s'agit de bien autre chose... Vous nous exposez à voir mourir en vous le nom et la postérité des Plantard de Vernance...

— Oh ! soyez tranquille, mon cher père, je n'ai jamais eu autant envie de vivre... Je ne me suis jamais senti tant de force, tant de vigueur... Je vivrai pour vous, pour ma mère, pour.... mais il faut pour cela que vous me rendiez la vie supportable, et elle ne le serait pas si vous refusiez plus long-temps de me donner des maîtres...

— Mais c'est donc une idée fixe que vous avez là, monsieur mon fils?...

— C'est tout ce que vous voudrez, mais c'est comme cela; je veux des maîtres, j'en veux de toutes sortes. Cela ne vous coûtera pas plus cher que ces animaux de médecins qui veulent me prouver que je suis malade.

— Mon ami, cela demande réflexion..... Au fond, il est certain qu'un Plantard de Vernance qui ne saurait ni A ni B..... Je m'en entendrai avec madame votre mère, Victor....

— Mais c'est aujourd'hui, maintenant, tout de suite, que je veux cela.... Et si vous me refusez ce que je demande, je m'engage.... je me fais soldat... et je me fais tuer à la première occasion, puisque je ne serai bon qu'à cela...

— C'est donc une rage, une frénésie qui te tourmente?...

En ce moment parut madame Plantard, et devant elle Victor répéta les menaces qu'il venait de faire. C'en était dix fois plus qu'il n'en fallait pour que l'on s'empressât de le satisfaire; aussi, dès le lendemain matin, vit-on arriver au château maîtres de français, d'écriture, d'armes, de danse, d'arithmétique, etc., etc. Quant au maître de lecture, il fut congédié immédiatement; Victor en avait trouvé un trop à son gré pour vouloir le changer.

Les progrès du jeune homme furent ce qu'ils devaient être, rapides, prodigieux; sa mémoire toute neuve retint tout ce qu'il voulut; son intelligence se développa comme par enchantement. Plus que jamais ses visites chez Robert devinrent longues et fréquentes; et il ne sortait de cette maison que pour se livrer à l'étude avec une nouvelle ardeur. Madame Plantard était maintenant enchantée; son mari était resplendissant de joie : il commençait à être persuadé qu'il avait fait un grand homme; il écoutait Victor comme un oracle, et les volontés du jeune homme avaient force de loi dans le château.

Six mois s'écoulèrent ainsi ; la situation de la France était sensiblement améliorée ; les convulsions de la société devenaient chaque jour moins violentes ; les hommes et les choses tendaient évidemment au repos. Les prisons n'étaient plus encombrées ; un grand nombre de zélés partisans de la révolution commençaient à s'apercevoir que cette révolution n'avait presque rien changé : de grandes, d'immenses fortunes avaient passé d'un maître à un autre ; mais la propriété en général n'était pas mieux divisée, la condition des masses ne s'était pas améliorée ; c'était toujours, comme devant, les charges d'un côté et les bénéfices de l'autre; c'était toujours les deux grandes catégories des producteurs et des consommateurs : ceux-ci, il est vrai, ne s'appelaient plus marquis, ducs, comtes ou barons; mais ceux-là n'en avaient pas un morceau de pain de plus. La société marchait comme elle avait marché depuis le commencement du monde, au rebours du sens commun, et voilà pourquoi monsieur Plantard avait cinquante mille francs de revenu, tandis que madame de Vernance en était réduite à demander l'hospitalité à son garde-chasse. Il est vrai que Victor devait à cette circonstance l'avantage de n'être pas un idiot, ce qui prouve que les choses les plus détestables ont leur beau côté.

Il était amoureux fou, ce pauvre Victor; et de son côté, la jeune et belle veuve ne pensait plus que bien rarement à son défunt époux: elle était fière de son élève, qu'elle traitait cependant quelque peu en enfant gâté; et cela amenait souvent de petites bouderies, lesquelles étaient suivies de racommodemens délicieux. Et madame de Vernance aussi était encore un enfant; et ces enfans s'aimaient de toutes les puissances de leur âme ; ils ne s'étaient point fait d'aveux, mais chacun d'eux devinait ce qui se passait dans le cœur de l'autre. Victor néanmoins ignorait encore la qualité de son charmant professeur ; pour lui, elle n'était que Lucie, la jolie, la tendre Lucie dont Robert était le parrain ; et cela lui suffisait, car il adorait Lucie, et il en était aimé.

— Hum! hum! se disait quelquefois le vieux garde-chasse en hochant la tête, je vois bien où gît le lièvre, et Dieu sait ce qui en arrivera... Pourtant il n'est pas impossible que ça tourne bien... Si monsieur Plantard était un peu moins riche, et si madame de Vernance n'était pas baronne... Bah! qui est-ce qui sait ce que la providence nous garde!...

C'était presque toujours par ces paroles que finissaient les discours du vieux garde.

— Vous avez raison, mon bon Robert, lui dit un jour la jeune veuve, les secrets de la providence sont impénétrables, et il est possible que le bonheur soit bien près de nous, alors que nous nous croyons le plus malheureux.

— Dam! comme dit le proverbe: après l'orage le soleil luit...

— Justement, mon vieil ami, je crois que nous en sommes bientôt là... L'orage a été long et terrible; mais ne trouvez-vous pas que l'horizon s'éclaircit?

— S'éclaircit... c'est-à-dire... il est certain qu'on n'égorge pas les gens aussi dru.... le peuple souverain n'est plus aussi terrible... Enfin on commence à respirer ; mais il y a encore bien loin de là à...

— A l'ancien régime, c'est vrai ; il y a si loin que très probablement nous n'y arriverons jamais ; mais, mon vieux Robert, entre le pis et le mieux peut se trouver le bien. Le malheur est un grand maître qui apprend à se contenter de peu. Je ne regrette pas l'immense fortune que j'ai perdue, et je me trouverais fort heureuse maintenant avec un modique revenu. Enfin je suis décidée à invoquer la loyauté de monsieur Plantard : je lui rappellerai que le jour même de l'adjudication il a pris l'engagement tacite de restituer...

— Ah! madame la baronne, que je vous plains de compter là-dessus!..

— Nous avions des amis puissans, et si j'avais dit un mot, il y a long-temps que monsieur Plantard...

— Serait mort; c'est vrai; mais ça ne prouve pas qu'il soit disposé à vous rendre votre bien.

— Il est impossible que, au moins, il ne transige pas.

— Il est aussi très-possible qu'il trouve tout simple de conter l'affaire à l'autorité, et...

— Ecoutez, Robert : ne m'avez-vous pas dit cent fois que monsieur Plantard est incapable de résister à la volonté de son fils?

— C'est vrai.

— Il suffira donc que cette volonté me soit favorable, et elle me le sera...

— C'est ça! il ne vous manque plus, pour être en sûreté, que d'aller confier un pareil secret à un jeune fou.

— Mais, mon vieil ami, je ne puis rester éternellement ici.

— Oh! vraiment, j'ai grand'-peur qu'après la démarche que vous projetez, nous n'y restions pas long-temps!

— Mais pourquoi supposer Victor capable...

— Oh! je conviens que c'est un bien bon jeune homme qui est méconnaissable depuis que... depuis que... Dam! je serais bien désespéré de vous offenser; mais je suis franc, moi, j'ai encore l'œil bon, je me souviens de mon jeune temps, et... il m'a semblé que... D'ailleurs c'est bien naturel... on n'est pas de marbre... Et certainement madame la baronne est bien la maîtresse de...

— Mon bon Robert, je crois que vous déraisonnez.

A ces mots la jeune veuve devint rouge comme une cerise; et Robert, qui, tout en parlant, avait préparé son fusil et sa carnassière, sortit en se disant :

— C'est bon, c'est bon ! je sais de quoi il retourne... Ce n'est pas aux vieux singes qu'on apprend à faire la grimace... Dès la première leçon, j'aurais parié que ça en viendrait là... Après tout ils sont jeunes et gentils tous les deux... Cette pauvre chère dame ! ce n'est pas sa faute si monsieur le baron s'est fait tuer... Il faut vivre avec les vivans. Ça finira peut-être mieux qu'on ne le croirait... A la grâce de Dieu !..

Et ce jour-là il chassa beaucoup

plus long-temps que de coutume; il semblait que toutes ces pensées l'eussent rajeuni de vingt ans. Il faisait nuit lorsqu'il rentra, et la pesanteur de sa carnassière attestait qu'il n'avait pas perdu sa journée.

—

CHAPITRE IV.

Une Confidence.

Cette journée avait aussi été très-bien employée par madame de Vernance et son jeune élève, lequel était arrivé près de la belle veuve presque immédiatement après le départ du garde.

— Vous êtes bien émue, charmante Lucie, s'écria Victor en remarquant le rouge de pourpre qui couvrait le visage de madame de Vernance.

— Émue?... mais non... Peut-être qu'en parlant d'affaires avec le bon Robert, j'aurai mis quelque chaleur, et...

— Oh! vous avez donc à traiter avec Robert d'affaires bien importantes?

— Mais... oui, mon cher Victor, très-importantes.... Et peut-être n'êtes-vous pas étranger à ces affaires.

— Peut-être!... Dites à coup sûr : comment supposer que je puisse être indifférent aux choses qui vous intéressent si fort?

— Mon cher Victor, ma situation est à la fois bien singulière et bien triste... De grands malheurs m'ont frappée...

— Vous! ma chère Lucie?... vous êtes malheureuse, vous souffrez?... Oh! j'aurais bien dû le deviner!... quand je vous voyais triste et pensive, quand je voyais des larmes rouler dans ces beaux yeux... Lucie, au nom de Dieu! dites-moi vos maux afin que je les partage... dites-les moi par humanité, car ce que je souffrirais si vous vous taisiez maintenant serait plus horrible que tout ce que l'on pourrait imaginer... N'est-ce pas vous qui m'avez appris à sentir et à penser? ne suis-je pas votre ouvrage? mon âme peut-elle être autre chose que votre âme? ce qui est bien pour vous peut-il être mal pour moi?..

— Pauvre enfant!.... noble

cœur!.. oh! oui, j'ai tort d'hésiter...
Et pourtant, Victor, s'il fallait pour me servir faire abnégation de quelques grands intérêts? s'il fallait que votre volonté fût en opposition avec la volonté de gens auxquels vous devez, en ce monde, le plus de respect et de soumission?..

— Que dites-vous, Lucie? n'êtes-vous pas ce que j'ai de plus cher au monde? Puis-je vivre autrement que par vous et pour vous?.. Vous seule m'avez tiré du néant, vous seule avez fait battre ce cœur qui ne sera jamais qu'à vous... Oh! parlez, je vous en conjure! prononcez mon arrêt de mort, et je mourrai; ordonnez-moi de vivre, et je vivrai, je vivrai pour vous aimer de toute la puissance de mon âme...

Victor, le visage en feu, s'était rapproché de la jolie baronne; il avait arrondi son bras sur sa taille, et la tête penchée sur l'épaule de son charmant professeur, il baisait avec amour ses beaux cheveux noirs et parfumés. Pour la première fois il avait osé lui parler d'amour, et il se croyait maintenant plus qu'un homme. Il se fit un instant de silence; madame de Vernance n'était pas moins troublée que son élève; son cœur battait avec autant de violence que celui de Victor, son visage était aussi animé, et ses idées n'étaient guère plus nettes; comme lui elle sentait et ne pensait plus. Cette situation ne pouvait se prolonger sans danger.

— Nous sommes des fous, monsieur Victor, s'écria la baronne après quelques instans; il s'agit de choses sérieuses, et nous parlons comme des enfans. Écoutez-moi, monsieur; je vais vous donner la preuve de la confiance que vous m'inspirez : votre père est riche;

il possède un château magnifique, des bois immenses, des...

— Je vous en conjure, ne parlons pas de cela!..

— Vous ne voulez donc plus savoir les affaires importantes qui m'occupaient lorsque vous êtes arrivé?

— C'est que je ne vois pas quel rapport il peut y avoir entre...

— Vous allez le voir tout-à-l'heure : ces terres, ce château, toutes ces propriétés immenses dont vous serez très-probablement un jour l'unique héritier, tout cela m'appartenait il y a moins de cinq ans...

— Quoi! vous seriez...

— La baronne de Vernance.

On eût dit que Victor venait d'être frappé de la foudre : il pâlit, son visage se contracta, et sa tête tomba sur sa poitrine.

— De grâce, Victor, remettez-vous : je n'ai pas eu l'intention de vous offenser, ce n'est pas un reproche que j'ai voulu vous adresser...

Mais le jeune homme ne l'entendait plus : toutes ses illusions de bonheur venaient de disparaître comme un songe ; son âme était brisée ; tout le sang de ses veines refluait violemment vers le cœur, il était dans une situation horrible.

— Victor ! Victor ! s'écria la jeune veuve effrayée, je vous en prie, écoutez-moi... Je prends le ciel à témoin de la pureté de mes intentions... Oh ! je vous en conjure, pardonnez-moi, et ne me haïssez pas!..

Elle lui prit les mains, sur lesquelles elle laissa tomber de grosses larmes, et cela rendit quelque énergie au jeune homme.

— Vous haïr! dit-il, est-ce que cela me serait possible?

Et ses lèvres brûlantes se collèrent sur les mains de madame de Vernance, qui reprit bientôt:

— Bien qu'acquéreur de ces biens qu'on appelle nationaux, votre père jouit dans le pays d'une grande réputation de probité, et je crois qu'il la mérite; il ne refusera donc pas les moyens que j'ai l'intention de lui proposer, afin de le rendre propriétaire légitime de ces biens qu'il a payés la dixième partie de leur valeur. La révolution m'a tout enlevé; sans le bon Robert, je n'aurais maintenant qu'une prison pour asile... Que monsieur Plantard consente à me remettre soixante mille francs, et je lui cède sans regret mes droits, nuls à présent; mais qui, peut-être, ne le seront pas toujours... Eh bien! mon ami, j'ai compté sur votre appui dans le cas où cette transaction serait plus difficile que je ne l'aurais cru ; et j'y ai compté parce que je connais la noblesse de votre cœur...

— Mais croyez-vous, madame, que cela soit exécutable en l'absence de votre mari !

— Il y a quatre ans que je suis veuve...

Il sembla à Victor que ces dernières paroles le soulageaient du poids énorme qui l'avait écrasé pendant quelques instans : sa tête se releva, ses yeux reprirent tout leur éclat.

— Oh ! oui, oui, s'écria-t-il, vous avez eu raison de compter sur moi... Cela sera, car cela est juste... mais, mon Dieu ! comment vivrai-je désormais ? croyez-vous que je puisse vivre sans Lucie... Eh ! malheureux ! il n'y a plus de Lucie... Pardon, madame, c'était une si douce erreur !..

— Mais ce nom est le mien, et je n'entrevois pas la nécessité de renoncer à des habitudes...

— Eh bien ! promettez-moi d'être toujours Lucie, ma Lucie... la femme selon mon cœur... Ah ! je sens trop que cela est impossible maintenant !

— Victor, mon ami, soyez donc raisonnable : n'est-ce pas la baronne de Vernance qui vous a inspiré le goût de l'étude? n'est-ce pas la baronne de Vernance qui, il y a une heure, écoutait vos folies de jeune homme ?.. Et n'a-t-elle pas montré un grand courroux cette orgueilleuse baronne lorsque vous lui dites : « Vous seule avez fait battre mon cœur... je veux vivre pour vous aimer de toutes les forces de mon âme, » et tant d'autres choses auxquelles la pauvre Lucie n'osait croire ?...

— Oh ! je suis l'homme le plus heureux du monde ! s'écria-t-il.

Et prenant la jeune femme dans ses bras, il la pressa contre son cœur et couvrit de baisers son visage angélique.

— Ah ! mon ami, dit-elle après un long silence, peut-être nous préparons-nous bien des chagrins !

— Qu'importe si vous m'aimez toujours !.. oh ! oui toujours !...

n'est-ce pas, Lucie?.. Dites-moi que... que tu seras toujours à moi...

Puis ce fut une série de tendres sermens et de longs baisers, de ces baisers qui résument tout ce que l'homme peut concevoir de délices. Que d'admirables, de sublimes extravagances ils se dirent! que d'éloquence il y avait dans leurs regards et d'amour dans leurs baisers! c'est vivre cela... qu'importe le reste?.. Le reste n'est que misère, déception, ennui; le reste ne vaut pas la peine de naître... Vivre, c'est aimer et être aimé, c'est sentir courir dans ses veines un sang ardent, impétueux ; c'est savourer l'haleine d'une femme douce, belle, aux formes voluptueuses, à l'œil étincelant ; c'est s'enivrer de volupté sur ses lèvres brûlantes... Le reste... pitié! pitié!.. Le reste c'est moins que la mort, et la mort n'est rien...

En rentrant chez lui, le vieux Robert n'eut pas de peine à deviner une grande partie de ce qui s'était passé pendant son absence : il vit des yeux humides, des visages animés..... Lui aussi avait vécu, le bon vieillard ; il avait vécu de cette vie céleste, et quoiqu'il y eût long-temps, bien long-temps de cela, il en gardait précieusement le souvenir.

— Maintenant, monsieur, dit-il à Victor en déposant son fusil, maintenant vous savez tout, et il ne vous serait pas difficile de nous faire couper la tête, si l'envie vous en prenait...

— Que signifie ce discours, mon bon Robert? me prenez-vous pour un cannibal?...

— Ah! pardon, monsieur.... Je sais bien que.... Personne ne vous rend plus justice que moi; mais la prudence est la mère de la sûreté; c'est ce que je me suis fait l'honneur de dire bien souvent à madame la baronne... Ce qui n'empêche pas que.... Vous me direz qu'on n'est pas maître de ça, c'est vrai, et tel que vous me voyez, quand j'étais jeune...... Enfin, que la volonté de Dieu soit faite!

Victor se leva, marcha de long en large pendant quelques secondes, dans l'attitude d'un homme qui médite quelque action importante; puis s'arrêtant près de la baronne, il dit :

— Madame, permettez-moi de

prendre l'initiative auprès de mon père ; je voudrais que vous n'eussiez pas à supporter les ennuis d'une discussion ; mais il me manque peut-être encore quelque renseignement important.

— Vous savez tout maintenant, Victor... tout, si ce n'est que sous des habits d'homme, j'assistais à la vente de mes biens, et que j'adressai à votre père, dans cette circonstance, quelques paroles qu'il n'a probablement pas oubliées. Je le croyais alors ce que je le crois toujours, un honnête homme, et son silence dans ce moment où il pouvait me perdre d'un seul mot, me prouva que ses intentions étaient honorables.

— Cela suffit, mad... Lucie; ma chère Lucie.... à demain.... Tranquillisez-vous, Robert.... Mes bons amis, j'entrevois un avenir délicieux; Dieu veuille que ce ne soit pas une illusion!

— Oui, Dieu le veuille! reprit Robert qui paraissait vivement ému.

— Dieu le voudra, Victor! s'écria la baronne. Oh! mon ami, que je serai heureuse et fière de vous devoir mon avenir! mon Victor! ce jour est le plus beau de ma vie!.. Va, noble cœur, âme de ma vie; va, je suis à toi, et c'est avec orgueil que je l'avoue maintenant.... Robert, mon bon Robert, ne me regardez pas ainsi..... Croyez-vous que la vie me soit moins chère qu'à vous?... Oh! j'aime la vie maintenant; je veux vivre pour aimer cet ange, vivre pour en être aimée.....

Et la jolie veuve se jeta dans les bras du jeune homme; leurs lèvres se cherchèrent, leurs cœurs se sentirent battre...

— Heureux enfans! s'écria le

garde, que ce serait dommage de les séparer!.... malheureusement on ne sait pas ce que la Providence nous garde...

Victor partit, et une demi-heure après il était près de son père et de sa mère, contre lesquels il soutenait avec chaleur les prétentions de la baronne.

— Monsieur mon fils, disait monsieur Plantard, ces propriétés sont bien les miennes, je les ai achetées et payées; il y a eu concurrence... et l'on n'est pas un malhonnête homme pour avoir fait un bon marché.

— Mon cher père, vous me permettrez de croire que vous n'eussiez pas tenu ce langage le jour de l'adjudication...

— Pourquoi cela, s'il vous plaît? A cette époque, monsieur, il fallait avoir de l'énergie, et, dieu merci, j'en avais, et madame Plantard aussi... n'est-il pas vrai, madame Plantard de Vernance, que nous en avions!... Diable! c'est que ce n'étaient pas des jeux d'enfans! Il ne se passait pas de jour sans que ces scélérats d'aristocrates n'assassinassent quelques vertueux républicains, acquéreurs de biens nationaux...

— Comment se fait-il donc, mon cher père, que vous n'ayez rien répondu aux paroles presque menaçantes qui vous furent adressées par un jeune homme, dans la salle même où se fit l'adjudication ?

Monsieur Plantard frissonna et ne put répondre.

— Mon cher fils, disait madame Plantard en pleurant, tu veux donc nous dépouiller, nous réduire à la mendicité?...

— Je veux, au contraire, assurer votre fortune contre toutes les chances de l'avenir. Je veux vous faire comprendre la nécessité d'en sacrifier une faible partie pour conserver le reste... Et ce que je veux par-dessus tout, c'est de n'avoir jamais à rougir de mon père et de la fortune qu'il m'aura léguée...

— Pardieu! s'écria monsieur Plantard, je voudrais bien connaître les infâmes qui ont ainsi monté la tête à monsieur notre fils!...

— De grâce, mon cher père, répondez catégoriquement : voulez-vous ou ne voulez-vous pas transiger avec madame de Vernance ?

— Mais où est-elle donc cette noble baronne ? dit madame Plantard, dont les regards étincelaient de dépit.

— Eh ! ma bonne mère, quand vous sauriez où elle est cette femme angélique, cela ferait-il qu'elle n'eût pas été dépouillée de son patrimoine par une loi inique ? cela ferait-il que cette loi ne l'eût pas dépouillée à votre profit ? Oh ! je suis bien sûr que vous ne voudriez pas la pousser à l'échafaud, pour la punir d'avoir voulu vous rendre propriétaires légitimes de ces biens auxquels il vous serait si cruel de renoncer maintenant? Oh! ne calomniez pas cette femme si bonne et si généreuse!...

— Comprenez-vous cela, madame? dit l'ex-marchand de toile. Pour moi, je n'y comprends rien... Donnez-vous donc la peine de faire un grand homme, pour que les aristocrates s'en emparent!...

— Victor, dit gravement madame Plantard, vous êtes fou, mon ami; quelque mauvais génie vous a troublé le cerveau; mais nous ne sommes pas disposés à nous laisser influencer par des craintes puériles. Le gouvernement sous lequel nous avons le bonheur de vivre....

— Bravo ! interrompit le mari ; c'est justement ce que je voulais dire : le gouvernement sous lequel nous avons le bonheur de vivre.... d'autant plus que l'on a toujours le bonheur de vivre sous un gouvernement quelconque...

— Ce gouvernement saura nous protéger contre les prétentions des barons, des baronnes et de leurs affidés.

— Certainement qu'il nous protégera le gouvernement !

— Mais il n'y a pas de gouvernement qui puisse vous protéger contre la voix de votre conscience ! et c'est cette voix que j'invoque ; c'est elle que j'invoquerai jusqu'à ce que justice soit faite.

La résolution des époux commençait à être ébranlée ; Victor sentit que le moment était venu de frapper le grand coup ; il dit donc d'un ton solennel :

— Eh bien ! puisque vous m'y contraignez, je vous déclare que je ne serai jamais le complice d'une odieuse spoliation... Je renonce donc dès aujourd'hui à cette fortune que vous refusez de légitimer. Adieu! rien ne saurait me retenir dans un lieu d'où l'on s'efforce de bannir la probité!..

Il fit quelques pas vers la porte; mais sa mère se précipita vers lui et s'efforça de le retenir.

— Victor! mon cher fils! s'écria-t-elle, que t'avons-nous fait pour que tu nous traites ainsi?...

— Oh! sans doute vous êtes capables de grands sacrifices ; et la preuve, c'est que possédant plus d'un million vous refusez de payer vingt mille écus l'estime des honnêtes gens...

— Mais qui te dit que l'on refuse cela ?...... seulement il nous paraît nécessaire de s'entendre....

— C'est juste cela ! cria monsieur Plantard ; il est toujours bon de s'entendre ; car enfin les honnêtes gens ne sont pas des Turcs, et il n'est pas impossible de leur faire entendre...

— Mais je ne veux rien entendre, moi! dit Victor d'une voix éclatante. Madame de Vernance demande soixante mille francs; promettez-moi de les lui compter demain, ou dès aujourd'hui je vous dis un adieu éternel.

— Encore, dit madame Plantard, faudrait-il savoir où la trouver cette noble baronne qui a su si bien choisir son défenseur officieux.

— Oh! que cela ne vous inquiète pas, ma bonne mère!... Il n'est pas tard encore; faites mettre les chevaux, envoyez chercher un notaire, et je me charge de vous présenter madame de Vernance en temps utile... Grand Dieu! vous ne savez pas encore tout ce que vous lui devez à cette femme divine!... mais, j'en suis sûr, vous l'aimerez bientôt; vous la chérirez comme votre fille... Et elle aussi vous aimera... Je vous dis que c'est un ange!

— Mais c'est un ange qui entend fort bien les affaires de ce bas monde, à ce que je vois... ne trouvez-vous pas, monsieur Plantard?

— Ma foi, madame, s'il faut vous dire vrai, moi je trouve que monsieur notre fils pense judicieusement, et parle admirablement... Quant à la baronne, il est possible qu'elle n'ait pas absolument tort, et je me rappelle parfaitement que le jour de l'adjudication..... Je crois vous avoir conté cela dans le temps........ Savez-vous bien que je jouais gros jeu à cette époque, madame? Tout bien considéré, il se pourrait que le danger ne fût pas passé; et comme le dit très-sensément monsieur Victor Plantard de Vernance, notre fils, je crois qu'il serait sage d'abandonner soixante mille francs pour consolider le reste... Consolider, madame, c'est là maintenant la chose importante;

il faut consolider, il est indispensable de consolider, et nous consoliderons...... si vous voulez bien le permettre....

— Eh! monsieur, il le faut bien, puisque c'est le seul moyen de faire entendre raison à cet écervelé!..

— Alors nous consoliderons le plus tôt possible... Moi, voyez-vous, j'imagine qu'il serait bon d'avaler la douleur tout de suite, afin de n'avoir plus à y penser... Vous me direz une douleur de soixante mille francs... je sais bien que cela est dur à digérer; mais, fort heureusement, je ne me fais pas l'effet d'être un sot, ce qui est cause que je suis très-bien avec l'autorité, et quand on a l'honneur d'être bien avec l'autorité, et l'avantage d'entendre parfaitement la comptabilité, soixante mille francs ne sont pas la mer à boire.

— Vous avez donc le projet....

— Oui, madame, j'ai... c'est-à-dire nous avons des projets...... La république une et indivisible a besoin de fournisseurs intelligens, de comptables intègres; or je suis tout cela, et quand on a l'honneur d'être tout cela, ce n'est pas la bagatelle de soixante mille francs qui doit paralyser de bonnes intentions.

— Mais vous raisonnez prodigieusement bien ce soir, monsieur Plantard !...

— Ah ! ah ! ah ! je suis comme cela, moi !... ainsi vous consentez à ce que j'envoie chercher le notaire?.. Hola ! quelqu'un !.., mes gens ! tous mes gens !... Qu'on mette les chevaux à la berline et que l'on aille chercher le notaire... Quant à vous, monsieur Victor Plantard de.....

— Oh ! soyez tranquille, mon

cher père, je ne serai pas en retard. Madame la baronne sera ici avant le notaire.

Léger comme un chevreuil, il s'élança hors du château, courut chez Robert, et revint bientôt avec la tendre Lucie. Deux heures après on signait le contrat.

CHAPITRE V.

Transaction.

—

L'ENTREVUE des Plantard avec madame de Vernance fut calme et presque solennelle ; le contrat avait été dressé et signé sans que la moindre contestation se fût élevée ; mais lorsque tout fut terminé, Victor insista en vain pour que la jeune veuve acceptât un appartement dans le château ; elle voulut absolument retourner dans le modeste asile où elle avait vécu tranquille tout le temps qu'avait duré la tourmente révolutionnaire. Ce fut encore Victor qui l'accompagna, puis il revint et passa une nuit délicieuse : jamais il ne s'était trouvé aussi heureux.

Cependant monsieur Plantard songeait à mettre à exécution son grand projet, afin de remplir promptement le vide qu'avaient fait dans sa caisse les soixante mille francs comptés à la baronne. Toutefois ce n'était pas de fournisseurs intelligens que la république manquait; d'intelligence, ces messieurs en étaient en général très-bien pourvus, et s'ils eussent été gens à troquer l'excédant de l'intelligence nécessaire contre quelque peu de probité, les choses en eussent marché beaucoup mieux. On les payait fort cher pour organiser le service, et ils organisaient le vol. On votait des millions pour chausser les soldats : les contribuables payaient, l'or sortait des caisses de l'État pour entrer dans celles des fournisseurs, et les soldats marchaient pieds nus, ce qui, à la vérité ne les empêchait pas de marcher vite et bien... Et puis, quelques cerveaux fêlés s'imaginaient avoir régénéré le monde!... et c'étaient-là les preuves qu'ils donnaient de la perfectibilité... O grands régénérateurs, grands philosophes, grands moralistes, grands statisticiens, que vous êtes admirables lorsque, assis devant votre bureau d'acajou, les pieds bien chauds et l'estomac garni, vous créez un monde sur le papier!... Vous dites: le vol est un crime; tout crime doit être puni ; en conséquence il faut pendre les voleurs... Admirables logiciens ! vous pendez, et le nombre des voleurs va croissant. Platon voulait exclure les poètes de sa république imaginaire, comme s'il dépendait d'un homme d'être ou de n'être pas poète...... Eh ! grands hommes, cherchez d'où vient le mal, et détruisez-le si vous ne voulez plus avoir de malades à tuer... Il n'y a pas de voleurs ; il n'y a pas d'assasins ; mais il y a une morale stupide, des institutions absurdes, des lois atroces qui font qu'un homme vole ou tue... Réformez les choses et ne tuez pas les hommes :

on ne mérite pas la mort parce qu'on a eu un accès de fièvre.

Or tous les fournisseurs des armées républicaines avaient la fièvre, et ils amassaient des millions. Monsieur Plantard trouvait que c'était bien, et il voulut devenir munitionnaire général ; mais on n'arrive pas tout d'un coup à ce paroxysme du mal ; en conséquence il fallut qu'il se contentât d'une fourniture de drap. Il s'agissait de remplacer

Ces habits bleus par la victoire usés ;

l'occasion était belle, et l'ex-marchand de toile n'était pas homme à la manquer. Il gagna deux cent mille francs en trois mois.

— Eh bien! madame Plantard de Vernance, disait-il un jour que, tout radieux, il venait de mettre ses comptes à jour, êtes-vous persuadée maintenant que monsieur Plantard de Vernance votre époux n'est pas un sot?

— Monsieur, je vous ai toujours reconnu pour un calculateur fort habile.

— C'est me rendre justice; mais vous n'avez encore rien vu : j'ai résolu de soumissionner la fourniture des vivres-viande pour l'armée d'Égypte; les bœufs sont pour rien dans ce pays-là d'après ce que m'en a dit mon honorable ami le citoyen Guinchet, attendu que les naturels ont la louable habitude d'en faire des dieux, ce qui fait que l'espèce pullule à bouche que veux-tu... C'est un homme bien estimable que le citoyen Guinchet! un savant qui sait l'histoire naturelle sur le bout du doigt... Il m'a raconté des choses miraculeuses au sujet du bœuf Apis... Il paraît que c'est le pape du pays... J'en ferai manger aux soldats de la république ; ça sera original... Tout compte fait, je dois gagner trois millions. Ce n'est pas trop : quarante mille hommes à nourrir, des éléphans à payer et des sables brûlans à traverser...

— J'ai toujours dit, monsieur, que vous n'êtes pas fait pour être marchand de toile.

— C'est incontestable ; je devais être fermier général... Cela viendra, madame... En attendant, je pars pour Paris demain... Je vole où m'appellent la fortune et la gloire... Il ne faut pas que cela vous effraie, madame Plantard ; les munitionnaires se tiennent sur le dernière... mais la gloire est partout ; il y en a pour tout le monde, et particulièrement pour les munitionnaires... C'est l'avis de l'honorable citoyen Guinchet ; aussi, je lui donne une place dans mon administration. C'est un homme précieux, un homme unique.... pour la mythologie, les vivres-viande et l'histoire naturelle... Il a tout ce qu'il faut pour faire fortune.

Madame Plantard n'avait rien à objecter ; le dévouement de son mari lui paraissait sublime, et les trois millions lui chatouillaient délicieusement l'imagination. Monsieur Plantard se rendit donc à Paris ; il soumissionna, pétitionna, sollicita, intrigua ; et attendu qu'il était riche, il obtint tout ce qu'il voulut, les gens qui possèdent le plus étant ceux auxquels on donne le plus volontiers, ce qui prouve incontestablement que notre organisation sociale est un chef-d'œuvre de raison.

Puis, de Paris, le munitionnaire se rendit à Toulon pour organiser son administration, ce qui lui fut facile, grâce au citoyen Guinchet qui savait un peu plus de comptabilité que de mythologie et d'histoire naturelle, et qui était devenu le factotum, le bras droit de monsieur Plantard.

L'expédition était immense, la flotte admirable; il y avait de quoi donner de l'enthousiasme à un cœur de glace. Mais monsieur Plantard ne voyait dans tout cela que les vivres-viande, et la perspective d'un bénéfice de trois millions. C'était là le sujet de ses méditations, et il ne s'entretenait pas d'autre chose.

— Tout cela va bien, mon cher

Guinchet, disait-il quelques jours avant l'embarquement; tout cela marche admirablement. J'ai vu le général en chef hier; il était enchanté... D'abord, il ne faisait pas attention à moi, ce qui n'est pas extraordinaire, attendu qu'il n'avait pas l'honneur de me connaître. Mais dès que je lui eus touché quelque chose des vivres-viande, ce fut bien différent.

— Ah! ah! me dit-il, vous êtes le fournisseur Plantard.

— Oui, général.

— J'espère que nous n'aurons pas

à nous plaindre de vous, citoyen? Ces misérables fournisseurs sont la peste des armées... J'en ai fait fusiller quelques-uns en Italie. L'expédient m'a réussi, et, je vous préviens, j'en userai s'il y a lieu...

Là-dessus, vous sentez bien, citoyen Guinchet, que je n'ai pu m'empêcher de témoigner du mécontentement, et j'ai dit d'un ton sec... mais excessivement sec.

—Général, soyez persuadé que... relativement aux vivres-viande...

Il n'en a pas fallu davantage pour

le rendre doux comme un mouton. Il voyait bien que je commençais à m'échauffer. Alors il m'a dit :

— Assez, citoyen ; gardez vos paroles, nous verrons vos actions.

Puis, il a fait une pirouette sur le talon de sa botte, et m'a tourné le dos, en ayant l'air de se dire : Voilà un gaillard qui m'aurait rivé mon clou de la bonne manière, si je l'avais laissé faire... Il paraît qu'il est ferré sur les vivres-viande... Je suis très-content de lui !...

— Il serait pardieu bien difficile

s'il n'était pas content!... Croyez-vous, citoyen Plantard, que l'on trouverait beaucoup d'hommes de notre trempe dans l'armée?...

— Nous leur ferons voir qui nous sommes, et je veux leur prouver qu'on ne fusille pas un homme qui a plus de soixante mille francs de revenu... sans compter l'avenir.

— L'avenir!..... l'avenir est à nous... nous sommes la cheville ouvrière, le grand moteur...

— Vous croyez que nous sommes auteurs...

— Je dis moteur, citoyen Plantard... En effet, si l'armée est forte, si elle est belle et courageuse, à qui le devra-t-on ? à nous qui la nourrirons, qui la substanterons, qui lui donnerons du cœur au ventre... ce sont les vivres-viande qui gagneront les batailles... Supprimez les vivres-viande, et faites-moi l'amitié de me dire ce que deviendra l'armée...

—C'est incontestable ce que vous dites là, Guinchet!... diable! mais je n'avais pensé à tout cela! Guinchet, vous êtes un homme précieux, ma parole d'honneur!... Aussi dès que j'aurai gagné trois ou quatre batailles, je ferai très-certainement quelque chose de vous.

Guinchet n'était que très-médiocrement flatté de ces promesses; mais il espérait bien ne pas rester long-temps au second rang, et passer au premier dès que le débarquement lui permettrait de déployer tous ses moyens.

La flotte mit à la voile, et l'on perdit bientôt de vue les côtes de France; puis on arriva à Malte; puis..... mais c'est là de l'histoire que l'on a écrite mille fois avant moi, et que l'on écrira cent mille fois encore, que l'on écrira dans cent ans, dans mille ans, toujours, jusqu'à ce qu'elle nous sorte par les yeux et les narines; car, en France, on possède merveilleusement l'art de dégoûter les gens des meilleures choses. Vous voyez donc, lecteur, que j'ai d'excellentes raisons pour ne pas écrire l'histoire, sans compter celles que je néglige de déduire ici, et que je vous prie de deviner.

Enfin on arrive; le débarquement s'opère, et Bonaparte adresse à son armée cette proclamation mémorable, dans laquelle il fait sentir aux soldats la nécessité de respecter les institutions, les mœurs et la religion du peuple avec lequel ils vont vivre.

— Diable ! diable ! Guinchet, s'écria monsieur Plantard, après avoir lu cette proclamation ; voici qui tourne mal, mon ami ! Qu'est-ce qu'il vient donc nous chanter, le général en chef avec sa religion ? moi qui comptais sur les dieux du pays pour garnir la marmite des soldats... Or, d'après ce que vous m'avez dit du bœuf Apis...

— Je vous ai dit vrai, citoyen

Plantard ; lisez la mythologie, et vous verrez...

— Pardieu ! ça me fera une belle jambe, votre mythologie !.... la proclamation est là... je l'ai lue, je l'ai relue..... c'est qu'il ne plaisante pas, ce pince-sans-rire de Bonaparte !... Je crois, le diable m'emporte, qu'il serait capable de faire fusiller un munitionnaire qui aurait cent mille écus de rentes !... Si nous ne mangeons pas le bon dieu des Egyptiens, je suis ruiné, Guinchet !... ruiné ! et fusillé pardessus le marché !...

— On a vu de ces choses-là, citoyen Plantard ; cependant je vous engage à réclamer.

— Certainement que je réclamerai !... c'est bien là le cas de lui faire voir de quel bois nous nous chauffons, à cet original de général en chef ! je réclamerai, sacredieu ! et nous verrons !...

Et monsieur Plantard se dressa sur ses pointes ; il releva sa cravate jusqu'à la hauteur de son nez, et comme en ce moment le général en chef passait son armée en revue, le bouillant fournisseur résolut de profiter de l'occasion pour exposer ses griefs. Il courut donc au lieu où se passait la revue, et dès qu'il aperçut le général en chef sur le front de bandière, il vint à lui avec l'aplomb d'un homme qui se croit nécessaire.

— Général, j'ai l'honneur d'être...

— Fournisseur de vivres, je le sais; après?...

— Après, je prierai le général de me faire l'amitié de me dire avec quoi ses soldats feront la soupe?

— Cet homme est-il devenu fou?

dit Bonaparte en se tournant vers ses aides-de-camp.

— Il ne s'agit pas de cela, général. Voici votre proclamation; je ne sais pas si vous l'avez lue, mais moi je la sais par cœur, et je vous déclare que si vous prenez le parti du bœuf Apis et des autres contre les fournisseurs, il n'y a pas de bouillon possible...

— Au diable la brute! s'écria Bonaparte, en piquant des deux; tue donc des bœufs, animal, puisque tu n'es bon qu'à cela.

— Ah ! ah ! disait monsieur Plantard en se retirant, j'étais bien sûr que je le ferais revenir de son erreur !... Guinchet, mon ami, nous avons carte blanche, et le bon dieu d'Égypte est cuit !

CHAPITRE VI.

Ruine.

Une année entière s'était écoulée ; l'armée d'Égypte avait fait des prodiges. Madame Plantard attendait avec impatience le retour de son mari et l'arrivée des trois millions que, selon ses prévisions, il devait avoir gagnés, lorsqu'elle reçut du Caire la lettre suivante.

« Madame,

« J'ai la douleur de vous annon-
« cer que votre mari est mort de
« la peste il y a trois mois. Je m'é-
« tais chargé de la suite de ses af-
« faires, et de la liquidation; mais,
« pour comble de malheur, j'ap-
« prends que nos dépenses sont re-
« jetées par millions, et presque
« sans examen, par le ministère...

« Nous sommes ruinés si vous ne
« parvenez à obtenir la protection
« de l'un des membres du pouvoir
« exécutif. Au train dont vont les
« choses, le passif de votre mari
« sera bientôt trois fois plus consi-
« dérable que son actif.

« C'était un excellent homme
« que le citoyen Plantard; mais
« j'ai maintenant acquis la certi-
« tude qu'il n'entendait absolu-
« ment rien à la fourniture des ar-
« mées : il s'était mis à dos tous
« les généraux en leur jetant à
« tout propos ses soixante mille
« francs de rente à la tête. Ils ont

« voulu rabaisser son orgueil, et
« ils n'ont que trop bien réussi.

« Hâtez-vous donc, madame,
« d'user du seul moyen de salut qui
« vous reste : sollicitez, pétitionnez;
« harcelez le directoire et le
« ministère de vos réclamations.
« Vous devez avoir des amis puissans,
« puisqu'on ignore encore
« en France votre situation financière;
« faites-vous appuyer par
« eux, et que le ciel seconde vos
« efforts. Quant à moi, si j'échappe
« à la peste, ce qui n'est pas du
« tout certain, je travaillerai pour
« mon compte : je n'ai rien et ne
« crains rien. Je me raidis contre

« les difficultés ; je me cramponne
« aux puissances du jour, et la ré-
« publique ne se débarrassera pas
« de moi à bon marché.

« J'ai l'honneur d'être, madame,
« votre tout dévoué,

« GUINCHET. »

La douleur fut grande au château ; Victor était profondément affligé ; madame Plantard semblait anéantie. Cependant, lorsque le premier moment de stupeur fut passé, on songea à mettre à profit les conseils du citoyen Guinchet. Il fut décidé que madame Plantard partirait dès le lendemain pour Paris, et que son fils l'accompagnerait. Le soir même, tandis qu'on faisait les préparatifs de départ, Victor courut chez le garde-chasse, dans cette modeste et jolie maisonnette que la baronne n'avait pas voulu quitter, et où, depuis un an, le jeune homme avait passé près d'elle tant de délicieux instans.

— Qu'avez-vous, mon ami? s'écria madame de Vernance en remarquant la pâleur et l'agitation de Victor; vous serait-il arrivé quelque malheur?

— Un malheur affreux, Lucie; un horrible malheur!...

Et tirant de sa poche la lettre que nous venons de rapporter, il la présenta à la baronne qui la lut avec empressement.

— Pauvre enfant! dit-elle en la lui rendant, qu'a-t-il fait pour mériter cela!....

— Oh! ce n'est pas moi qui suis à plaindre. Je puis souffrir, avoir à supporter de longs et cuisans chagrins; mais je ne puis être malheureux tant que Lucie m'aimera.

— Ame divine ! c'est maintenant que je suis fière et heureuse de ton amour.... Oui, je t'aime, mon Victor !.... Oh ! je t'aime comme tu mérites d'être aimé.... Va, ami, il n'y aura jamais place dans mon cœur pour un autre que toi... nous pouvons être séparés pour longtemps.... pour toujours ; mais nos âmes se réuniront et s'entendront partout, en tout temps...

— Et puis, monsieur Victor, dit le père Robert, on ne sait pas ce que la providence nous garde, ce qui fait qu'il ne faut jamais désespérer de rien. D'ailleurs il m'est revenu que nos directeurs sont d'assez bonnes gens, et alors il ne sera pas difficile de leur faire entendre raison.

— Je l'espère, mon vieil ami; mais quel que soit le résultat de mes démarches, j'aurai soin de vous en instruire.

— Oh! oui, tu nous écriras, mon Victor, dit à demi-voix la baronne en appuyant sa tête sur l'épaule du jeune homme.

— Tous les jours, Lucie; et tous les jours aussi j'attendrai de tes nouvelles....

Les heures s'écoulèrent rapidement; il était bien tard lorsque Victor rentra au château, et cependant le reste de la nuit se passa sans qu'il lui fût possible de dormir un seul instant. Au point du jour, il était sur pied; madame Plantard ne se fit pas attendre, et le soleil n'était pas encore levé, que déjà nos voyageurs, emportés dans une bonne chaise de poste, avaient perdu de vue le château de Vernance.

Paris était alors ce qu'il avait été, ce qu'il fut depuis; et le gouvernement du directoire ressemblait fort à tous les gouvernemens qui l'avaient précédé et qui le suivirent. C'était toujours le pauvre qui payait, le riche qui se gorgeait; l'incapacité qui commandait, la capacité qui obéissait; et entre ces deux extrémités, la classe moyenne composée de machines à faire patrouille, ouvrir et fermer les boutiques, crier *vive le roi* ou *à bas le roi;* classe bâtarde qui n'a rien à elle, à laquelle le bon ton des grands est aussi étranger que l'énergie du peuple, type de sottise et d'idiotisme, troupeau de moutons auxquels il ne manque que du cœur pour être des tigres... O incomparables boutiquiers, vous êtes de tous les temps et de tous les régimes !... En vérité, en vérité, je vous le dis, boutiquiers vous êtes immortels ! Oui, immortels ; car il nous faudra toujours du savon, de la cannelle, du poivre, de la muscade... O boutiquiers ! vous vivrez tant que vivra la sottise et l'égoïsme, et l'égoïsme et la sottise sont l'essence de l'humaine espèce....

Victor et sa mère ne perdirent pas un instant : pétitions, prières, visites, sollicitations de toute espèce, rien ne fut épargné ; mais il était trop tard ; le mal était consommé; les gouvernans d'alors, qui, comme ceux de tous les temps, dilapidaient les deniers de l'État, n'étaient pas fâchés de trouver l'occasion de se montrer inexorables envers un pauvre diable ou ses ayant-cause. C'était un parti pris; toutes les dépenses du fournisseur Plantard étaient rejetées sans pitié ni miséricorde.

— Mais, monsieur le ministre, disait Victor au ministre de la guerre, remarquez, je vous prie, que les pièces sont en règle...

— Je ne remarque rien, monsieur...... La commission est d'avis qu'il faut rejeter, et je rejette....... Quel diable! mon cher, d'où sortez vous donc pour dire à un ministre d'examiner.....

— Mais, monsieur, mon père était riche avant que d'être fournisseur, et du train dont tout cela est mené, je n'aurai pas, dans quinze jours, un lit ou un écu...

— Et que prétendez-vous que je fasse à cela?

— Je prétends que l'on me rende justice.

— Eh bien, mon cher, c'est justement la justice qui prétend qu'on ne vous doit rien.

Victor avait la rage dans le cœur; le désespoir de sa mère s'exhalait en plaintes violentes, ce qui n'empêchait pas sa situation d'empirer, au lieu de s'améliorer. Il est vrai que, chaque jour, une lettre de la tendre et jolie baronne venait faire diversion aux chagrins du jeune homme, lequel, par un amour-propre facile à concevoir, laissait ignorer à sa belle amie les funestes résultats de la liquidation qu'il était venu solliciter et presser à Paris.

Pour comble de malheur, le chagrin que causait à madame Plantard la perte de sa fortune ne tarda pas à avoir une influence déplorable sur sa santé; en quelques jours, elle passa d'un état de langueur remarquable à un affaissement total, puis à un état de marasme qui, en peu de temps, la conduisit au tombeau : la pauvre femme n'avait pu supporter l'idée de redevenir marchande de toile, elle fille et femme de marchand, elle née pour le comptoir, et qui, en reprenant cette profession honorable, pouvait, à juste titre, espérer que la fortune lui sourirait de nouveau...... Oh!

c'est qu'il est si cruel d'abandonner une position toute faite pour en chercher une nouvelle !.... si horrible de se résigner à travailler, alors que depuis long-temps on se nourrit et s'abreuve de la sueur du prolétaire !.... si épouvantable de renoncer à une bonne voiture, à un domestique nombreux, à toutes les molesses et les délices qui sont le partage exclusif des riches, ces sangsues de l'humanité !.... Il fut plus facile à la femme de mourir que de perdre tout cela; elle mourut donc; et le jour même où cet affreux événement vint accabler le malheureux Victor, il reçut de la tendre baronne la lettre suivante :

« Bien aimé,

« Je ne me résouds qu'avec peine « à t'apprendre la mauvaise nou« velle que tu vas lire ; car tes let« me semblent empreintes d'une si « profonde tristesse, que je trem« ble d'augmenter des chagrins que « je devine, et que je partage...

« Je vais quitter la France, mon « Victor, il le faut : ma mère reti« rée en Angleterre depuis plu« sieurs années, est maintenant « pauvre, infirme, sans appui ni

« ressources d'aucune espèce. Je « viens d'apprendre tout cela, et « en même temps je trouve un ami « qui me donne les moyens de me « rendre à Londres.

« Oh! je suis bien triste aussi, « Victor!... j'ai versé d'amères lar- « mes depuis deux jours... je suis « pourtant bien sûre que tu me « comprendras, et que tu ne m'ac- « cuseras pas ; je connais si bien ta « belle âme! je lis si bien dans ce « cœur que tu m'as donné, et qui « est mon bien le plus précieux!... « Mais partir sans te voir, sans rece- « voir et rendre le baiser d'adieu...

« il me faut une force plus qu'hu-
« maine, et cette force, la piété fi-
« liale est seule capable de me la
« donner.

« Tu as bien certainement de
« grands chagrins que tu ne me dis
« pas, mais que je devine. Quand
« cela finira-t-il, mon Dieu ! quand
« nous reverrons-nous ? quand se-
« ras-tu à moi à la face du ciel ?...
« Il faut que tout cela arrive bien-
« tôt, ou la vie ne tardera pas à
« m'être insupportable.

« J'espère trouver fréquemment
« l'occasion de te donner de mes

« nouvelles et de recevoir des tien-
« nes. Notre bon vieil ami Robert
« nous servira de toutes ses for-
« ces ; ce brave homme nous aime
« comme ses enfans ; et si, comme
« il le dit souvent, nous ne savons
« pas ce que la providence nous
« garde, nous savons au moins
« qu'elle nous a donné un ami sûr
« et dévoué, et nous pouvons es-
« pérer qu'elle nous le conservera
« long-temps.

« Dieu veuille que les affaires qui
« te retiennent à Paris soient bien-
« tôt terminées ; chaque pas que tu
« feras vers le château de Vernance

« nous rapprochera.... Oh ! si tu
« pouvais venir à Londres ! comme
« ma bonne mère t'aimerait, comme
« elle serait heureuse de t'appeler
« son fils !... En attendant, je lui
« parlerai de toi tous les jours ; je
« dirai combien tu mérites d'être
« aimé, et combien je t'aime. Ce
« n'est qu'en parlant de toi, en pen-
« sant à toi, que l'absence pourra
« m'être supportable.

« Adieu, mon Victor, âme de
« ma vie, adieu !... je t'envoie des
« larmes et des baisers, et je m'ef-
« force de garder quelque espé-
« rance.

« Lucie. »

— Ainsi, s'écria le jeune homme en laissant tomber sa tête sur sa poitrine, tout m'accable à la fois! Plus de parens, plus de fortune, plus d'amis... et elle aussi m'abandonne!... Qu'ai-je donc fait, mon Dieu, pour être si malheureux?... Je n'avais point demandé à naître; que ne me laissiez-vous dans le néant! faites au moins que j'y rentre bientôt : que ferais-je sur cette terre?

FIN DU PREMIER VOLUME.

TABLE DES CHAPITRES

CONTENUS DANS LE PREMIER VOLUME.

FIN DE LA TABLE.

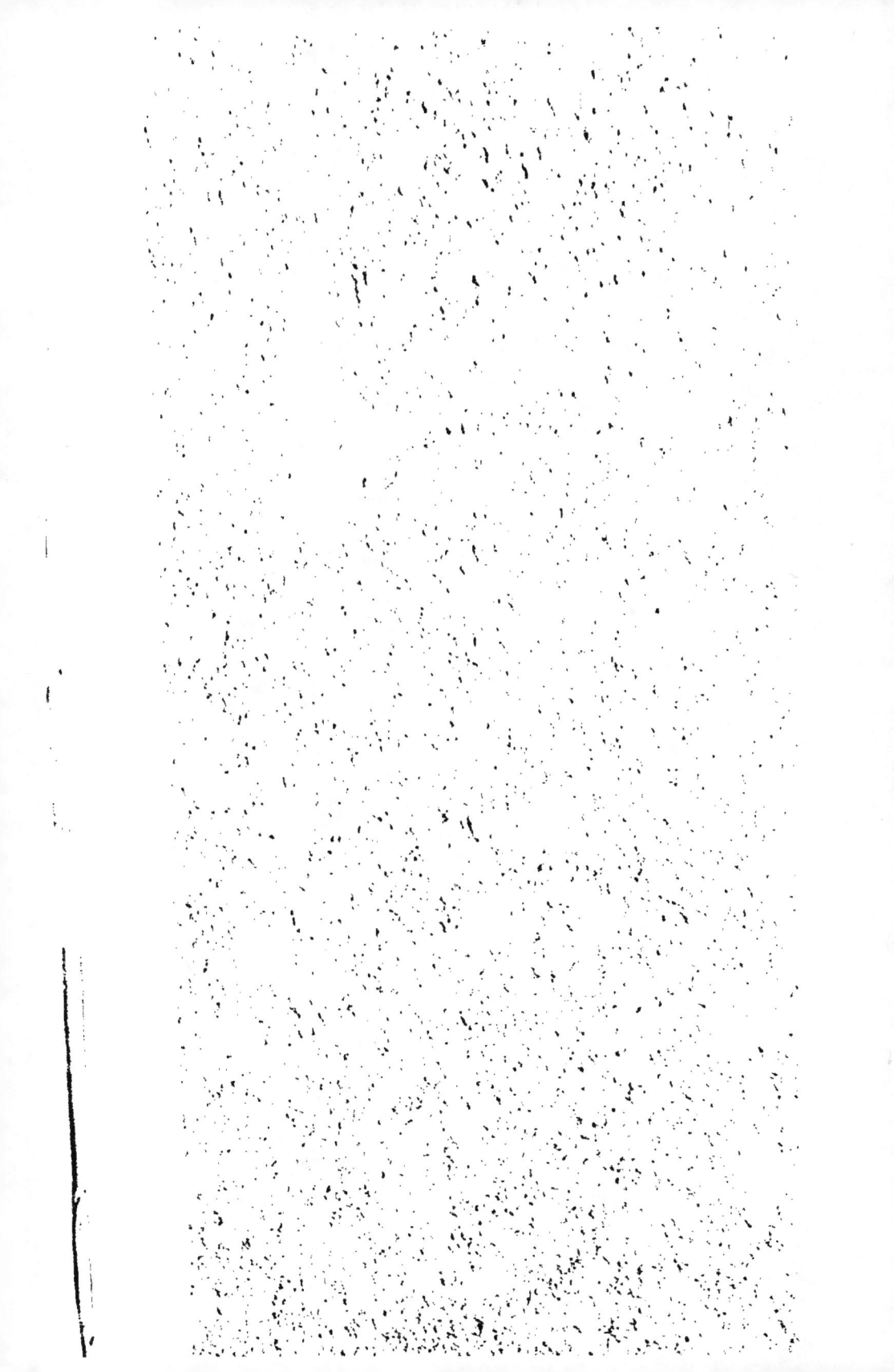

www.ingramcontent.com/pod-product-compliance
Lightning Source LLC
Chambersburg PA
CBHW070626100426
42744CB00006B/608
9782012172760